もくじと学習の

本書に関する最新情報は，当社ホームページにある**本書の「サポート情報」**をご覧ください。(開設していない場合もございます。)

1 言葉の意味

標準クラス

答え→別さつ1ページ

1 □に、上の読み方に合う漢字を書きなさい。

(1) こうえん
①児童□へ遊びに行った。
②記念□を聞きに行った。
③文化会館で劇《げき》を□する予定だ。

(2) きかん
①電気□車が走る。
②消化□が弱っている。
③このきっぷの通用□は二日です。

(3) せいさん
①勝利の□がある。
②これまでの借金を□する。
③バスの運賃《うんちん》を□する。

---

2 （　）の中の意味になるような言葉を、□に漢字二字で書きなさい。

(1) 妹にやつあたりしたことを□した。
（自分の行いをふり返って、よいかどうかを考えること。）

(2) 毎日、朝顔の生長を□している。
（物事の様子を注意して見ること。）

(3) お店でたん生日ケーキを□した。
（前もってやくそくすること。）

(4) 宮沢賢治《みやざわけんじ》の□を読む。
（ある人の一生のことを書いたもの。）

(5) 弟は、一人でプラモデルを□させた。
（すっかりでき上がること。）

(6) 参加するかどうか、早く□しなさい。
（迷《まよ》わないで、きっぱりと態度《たいど》や考えをきめること。）

3 次の言葉の対義語《たいぎご》（反対の意味の言葉）を、□に漢字で書きなさい。

(1) 当選 ↔ □□

(2) 入学 ↔ □□

(3) 低地 ↔ □□

(4) 生産 ↔ □□

(5) 長所 ↔ □□

(6) 直線 ↔ □□

(5) 収《しゅう》□ ↔ □出

(6) 解《かい》□ ↔ □合

4 次の言葉の類義語（意味がよく似《に》ている言葉）を選び、記号を○で囲みなさい。

(1) 区別（ア 区画　イ 区内　ウ 特別　エ 差別）

(2) 永遠（ア 永久《えいきゅう》　イ 永続　ウ 永住　エ 遠望）

(3) 外観（ア 景観　イ 主観　ウ 外面　エ 外見）

(4) 以後（ア 以前　イ 以上　ウ 以来　エ 前後）

5 例にならって、上と下の言葉が対義語になるように、□に漢字を書きなさい。

例 間[接] ↔ [直]接

(1) 有□ ↔ □名

(2) 賛《さん》□ ↔ □対

(3) 最□ ↔ □低

(4) 原□ ↔ □果

6 □に「非《ひ》・不・無・未」のどれかを書き、「～でない」という意味を表す言葉を作りなさい。

(1) □解決

(2) □注意

(3) □作法

(4) □常識《じょうしき》

(5) □責任《せきにん》

(6) □自然

7 例にならって、ア～エの中から類義語を二つずつ選び、記号を○で囲みなさい。

例 ア 協賛　(イ) 同調　ウ 賛同　(エ) 協調

(1) ア 母国　イ 大国　ウ 祖国《そこく》　エ 外国

(2) ア 不安　イ 安心　ウ 心配　エ 安価《あんか》

(3) ア 感心　イ 苦心　ウ 研究　エ 苦労

(4) ア 半分　イ 部分　ウ 安全　エ 無事

(5) ア 希望　イ 改良　ウ 失望　エ 願望

(6) ア 目次　イ 目標　ウ 目測《もくそく》　エ 目的

(7) ア 発達　イ 発進　ウ 達成　エ 発展《はってん》

時間 30分
合格 80点
得点 点

答え→別さつ1ページ

1 次の各組の言葉が対義語《たいぎご》(反対の意味の言葉)になるように、□に漢字を書きなさい。(12点/各組完答一つ3点)

(1) 合□ ⇔ □解《かい》

(2) □加 ⇔ □少

(3) □和 ⇔ 戦□

(4) 子□ ⇔ 祖《そ》□

2 □に入る言葉をあとから選び、記号で答えなさい。(15点/一つ3点)

(1) □ながめると、なるほど確《たし》かに見覚えのある顔だ。
ア じろじろ　イ しばしば
ウ しらじら　エ つらつら
(　)

(2) 問いつめられて、□な返事しかできなかった。
ア しどろもどろ　イ てんやわんや
ウ のらりくらり　エ やぶれかぶれ
(　)

(3) 生活に追われて□しながらくらすのがいやになった。
ア あたふた　イ ひやひや
ウ じたばた　エ あくせく
(　)

(4) 大きらいな行事をぬけだして、□した気持ちだ。
ア さばさば　イ もやもや
ウ おずおず　エ まざまざ
(　)

(5) 公式戦が近いので、今日は早朝から暗くなるまで□けいこをつけてもらった。
ア すっかり　イ みっちり
ウ ちんまり　エ ぴったり
(　)

〔履正社学園豊中中―改〕

3 次の各組で、Aの二語の関係と同じ関係になるように、Bの□に漢字を書きなさい。(6点/一つ3点)

(1) A 失敗―成功
B 許可《きょか》―□□

(2) A 用心―不用心
B 公式―□□□

4 次の語句《ごく》の意味をあとから選び、記号で答えなさい。(12点/一つ3点)

(1) ぶっちょうづら
ア 仏様《ほとけさま》のようなおだやかな顔つき。
イ ふきげんにふくれた顔つき。
ウ 無気力でつまらなそうな顔つき。
エ 無表情《ひょうじょう》で冷たい顔つき。
(　)

(2) きまり悪そうに
ア 何となくくやしそうに。
イ 何となく残念そうに。
(　)

ウ　何となくさびしそうに。
エ　何となくはずかしそうに。

(3) 小走りで
ア　体を小さくして走って。　イ　こそこそと歩いて。
ウ　子どものようにばたばた走って。
エ　せまい歩幅《はば》で急いで歩いて。
（　　）

(4) たんねんに
ア　少しずつ順番に。　イ　そっと声を出さずに。
ウ　心をこめてていねいに。
エ　目をこらし食い入るように。
（　　）

〔武蔵野女子学院中―改〕

5 次の外来語の意味をあとから選び、記号で答えなさい。（15点／一つ3点）

(1) コミュニケーション（　　）　(2) ピーク（　　）
(3) ストレス（　　）　(4) トラブル（　　）
(5) イベント（　　）

ア　緊張《きんちょう》　イ　伝達　ウ　もよおし
エ　頂点《ちょうてん》　オ　いざこざ

〔武蔵野女子学院中〕

6 次の――線部と同じ意味・用法のものをあとから選び、記号で答えなさい。（3点）
（　　）

・父は旅行が好きなので、日本中の地理に明るい。
ア　妹の部屋は、まどが広くて明るい。
イ　母の性格《せいかく》は、とても明るい。
ウ　祖母は、昔の遊びに明るい。
エ　子どもたちの未来は明るい。

〔日本大豊山女子中―改〕

7 次の各組の言葉が類義語になるように、□に漢字を書きなさい。（12点／一つ3点）

(1) 賛成《さんせい》＝□意　(2) 意図＝意□
(3) 長所＝□点　(4) 特別＝□外

8 次の言葉の対義語を漢字二字で書きなさい。（16点／一つ4点）

(1) 勝利⇔□□　(2) 部分⇔□□
(3) 利益《りえき》⇔□□　(4) 便利⇔□□

9 □に「非《ひ》・不・無・未」のどれかを書いて、打ち消しの意味を表す言葉にしなさい。（9点／一つ3点）

(1) □経験《けいけん》　(2) □合法　(3) □理解

2 接続語《せつぞくご》

標準クラス

答え▼別さつ2ページ

1 （　）にあとの言葉を入れて、文を完成させなさい。同じ言葉は一度しか使えません。

(1) 友達が来た（　　）、ぼくはねていた。

(2) 魚はつれた（　　）、小さかった。

(3) はじめに文ぼう具店に行き、（　　）書店に回った。

(4) ストーブに火をつけた。（　　）、部屋はすぐにはあたたまらない。

(5) 天候が良好だった（　　）、豊作《ほうさく》が見こまれる。

それから・しかし・のに・ので・が

2 例にならい、次の文の意味を変えないようにして、二つの文に分けて書きなさい。

例 いい天気だったから、泳ぎに行った。
（いい天気だった。だから、泳ぎに行った。）

(1) 姉は山に行ったが、わたしは海へ行った。
（　　）

(2) みんなバスに乗りこんだのに、なかなか発車しない。
（　　）

(3) 風が強くなってきたし、雨もふってきた。
（　　）

(4) 朝早く起きて、ラジオ体そうをした。
（　　）

3

[A]～[C]に入る言葉をあとから選び、記号で答えなさい。

太郎《たろう》「日本は、それほど広くない[A]、人口が多すぎるから貧《まず》しいんだ。」

次郎「[B]、ベルギーのように、人口みつ度は日本以上だが、生活は豊《ゆた》かな国もあるよ。反対に、土地が広くて人口は少ないのに貧しい国もあるしね。」

花子「たしかに土地が広くて資源《しげん》のたくさんある国のほうが有利だけれど、人口が少なすぎると、土地をひらいたり産業をおこしたりするのに悪いこともあるわよ。」

次郎「[C]、人口が多くても、産業を発達させ貿易《ぼうえき》をさかんにすれば、生活はもっとよくなるはずだね。」

A（　　）B（　　）C（　　）

ア そして　イ あるいは　ウ だから
エ しかし　オ のに

4

[　]に入る接続語を、指定字数のひらがなで書きなさい。

(1) 次の授業《じゅぎょう》は社会だったかな。[四字]、理科だったかな。
(2) この品物はねだんが安い。[四字]、だれも買わない。
(3) 練習をしっかりした。[三字]、試合に勝てた。
(4) 雨がふってきた[四字]、父は外出した。
(5) 直子《なおこ》さんは成績《せいせき》がよく、[三字]、性格《せいかく》もよい。
(6) 何度もやってみた[一字]、なかなかうまくいかない。
(7) クレヨン、[三字]、絵の具を選んで色づけをする。
(8) 全員そろいました。[四字]出発します。

(1) [　　　　]
(2) [　　　　]
(3) [　　　　]
(4) [　　　　]
(5) [　　　]
(6) [　]
(7) [　　　]
(8) [　　　　]

5

次の二つの文を接続語でつないで、一つの文にしなさい。

(1) 台風が近づいている。風雨がはげしくなった。

（　　　　　　　　）

(2) 父は運動が大好きだ。早朝から野球の練習に出かける。

（　　　　　　　　）

(3) 大雨で、家のうらの川があふれた。家にひ害はなかった。

（　　　　　　　　）

2 接続語《せつぞくご》

ハイクラス

時間 30分
合格 80点
得点 　点

答え→別さつ3ページ

1 (　)に入る言葉をあとから選び、記号で答えなさい。(24点／一つ6点)

(1) わたしは空港の建設《けんせつ》に反対です。(　)、その必要を感じないからです。

(2) 欠席者はいませんね。(　)教科書を開きなさい。

(3) 大雪でバスが来ない。(　)学校におくれそうだ。

(4) かれは学級委員長だ。(　)クラスを代表する立場に立っている。

ア すなわち　**イ** さらに　**ウ** では
エ なぜなら　**オ** だから　**カ** だが

2 (　)に入る言葉をあとから選び、記号で答えなさい。〔静岡学園中―改〕
同じ言葉は一度しか使えません。(28点／一つ7点)

(1) 原子の研究は、さらに原子の中心にある原子核《げんしかく》の研究へと進み、そこに潜《ひそ》む巨大《きょだい》な原子力エネルギーが利用されるようになりました。(　)、原子爆弾《ばくだん》、水素《すいそ》爆弾として、その後、原子力発電として。核兵器開発競争によって、世界中の人間を何度も殺《ころ》せるくらいの核爆弾が製《せい》造《ぞう》されました。

(2) 産業が発展《はってん》し、生産力が上がるにつれ、地球という環境《かんきょう》が無限《むげん》ではないことが明確《めいかく》になってきたのです。(　)、遺伝子操作技術《いでんしそうさぎじゅつ》は二十一世紀には本格《ほんかく》化するでしょうが、これによって生命世界がどのように変化するのか見当もつきません。

(3) 歴史的に見ても、混《こん》とんとして将来《しょうらい》のことがよく見えない時代になると、超能力《ちょうのうりょく》を看板《かんばん》にした宗教《しゅうきょう》が流行しました。現在《げんざい》も例外ではありません。(　)、過去《かこ》と現在とでは、はっきりと異《こと》なっていることがあります。やはり「科学」なのです。

(4) まず、一つ一つの問題を、あらゆる角度から検討《けんとう》する必要があります。(　)、「科学の専門《せんもん》家にまかせてしまってはいけない」のです。

（池内《いけうち》　了《さとる》「科学の考え方・学び方」）

ア さらに　**イ** しかし　**ウ** まず　**エ** だから

3 □に入る言葉の組み合わせをあとから選び、記号で答えなさい。(6点)〔昭和学院秀英中―改〕

(1) スピードを争う時代では会話も速くないとだめなのです。(　)
□、相手に何かを言われたらすぐさま答えなければならないから、頭のなかでじっくり考えている余裕《よゆう》はありません。

(2) Eメールでは、相手のメールを読んだら「返事」というボタンを押《お》してすぐにも返事ができるから、ゆっくり考えるひまもないのではないかと思います。□、効率《こうりつ》をあげるかわりに、言葉の質《しつ》が落ちてしまうのです。

（ピーター＝フランクル「ピーター流外国語習得術《しゅうとくじゅつ》」）

ア (1)つまり (2)しかし　　イ (1)だから (2)つまり
ウ (1)そして (2)つまり　　エ (1)そして (2)また

〔雲雀丘学園中―改〕

4

（　）に入る言葉をあとから選び、記号で答えなさい。同じ言葉は一度しか使えません。（36点／一つ6点）

(1) みんなもクラスで何かを決めようとする時には、必ず多数決を用いていますね。もっと言えば、（　）君たちの中の五人が、ドッジボールをして遊ぼうか、サッカーをして遊ぼうかと迷《まよ》った時にも、きっと多数決を用いて決めているのではないでしょうか。

(2) 多数決は、私《わたくし》たちの生活のあらゆる場面でなじみ深い決定方法であると同時に、とてもすぐれた決定方法なのです。（　）、私たちは多数決で決まったことは、みんなの意見として尊重《そんちょう》しなければならないと考えます。

(3) たとえ自分は反対の意見だったとしても、多数決で決まったことにしたがうのは、しかたのないことだと考えます。（　）、その多数決を今日の討論会《とうろんかい》のテーマにしてもらったのは、そんなすぐれた多数決にも、問題点があるのではないかと考えたからです。

(4) 先週の学級会では、秋の発表会でクラスの出し物をどうするかについて話し合いました。（　）、最後には合唱にするか、劇《げき》にするかで決を採《と》り、二十対十八で合唱することに決まりました。

(5) 多数決だから、みんな納得《なっとく》しているはずなのです。（　）何か変だと思った人がいるでしょう。

(6) そういう意味で、「多数決の問題点」を話し合ってほしいと思います。（　）、議長の横山さん。よろしくお願いします。

ア だから　　イ でも　　ウ そして
エ さて　　オ では　　カ たとえば

〔広島学院中―改〕

5

次の文を意味を変えず、接続語を使って、二つの文にしなさい。（6点）

・ぼくは合唱に賛成《さんせい》しましたが、決まったあとでなんだか気分がすっきりしませんでした。

（　　　　　　）

3 敬《けい》語《ご》

標準クラス

答え→別さつ3ページ

1 例にならって、——線部の言葉を、ていねいな言い方に書き直しなさい。

例 父が「明日は雨だろう。」と言った。（言いました）

(1) みんなによくわかるように発言する。
(2) 前にも何度か見たことがあった。
(3) 主人公の気持ちを想像《そうぞう》しながら読もう。
(4) 急いでタクシーをよんでくれ。

(1)（　　）(2)（　　）
(3)（　　）(4)（　　）

2 例にならい、——線部の言葉に「れる」「られる」のどちらかをつけて、尊敬《そんけい》の言い方に書き直しなさい。

例 絵をかく。（絵をかかれる）
　 本をとじる。（本をとじられる）

(1) お客さまがお茶を飲む。
(2) 市長が話をする。
(3) 先生が名前をよぶ。
(4) 園長が木を植える。

(1)（　　）(2)（　　）
(3)（　　）(4)（　　）

3 相手や話題の中の人や言動などを直接《ちょくせつ》高める言葉づかいを「尊敬語」といいます。例にならって、——線部の言葉を尊敬語に書き直しなさい。

例 コーチが「練習を始めよう。」と言う。（おっしゃる）

(1) お客さまがなしを食べる。
(2) 先生は教室にいる。
(3) 村長が作品を見る。
(4) 校長先生が学校に来る。

(1)（　　）(2)（　　）
(3)（　　）(4)（　　）

4 自分や身内を低めて、相手を間接的に高める言葉づかいを「けんじょう語」といいます。例にならい、——線部のけんじょう語をふつうの言い方で書きなさい。

例 わたしが申し上げる。（言う）

(1) 絵をはい見する。

(2) お花をさしあげる。

(3) おみやげをいただく。

(4) 家におる。

(1)（　　） (2)（　　）

(3)（　　） (4)（　　）

5 次の文では、**ア**尊敬語、**イ**けんじょう語、**ウ**ていねい語のどれが使われていますか。記号で答えなさい。

(1) 兄はいつもていねいに教えてくれます。

(2) 朝、六時半にうかがう。

(3) 先生が、大事な話をなさる。

(1)（　　） (2)（　　） (3)（　　）

6 □に入る言葉をあとから選び、記号で答えなさい。

(1) 山田君がぼくの家へ□そうだよ。

(2) 父が明日、先生のおたくに□そうです。

(3) お母さん、先生がうちへ□そうだよ。

ア いらっしゃる　**イ** うかがう　**ウ** 来る

(1)（　　） (2)（　　） (3)（　　）

7 ――線部の言葉を尊敬語を使った言い方に直し、全文を書きなさい。

(1) 客が来た。

（　　）

(2) 田中君の父は俳句をたしなむ。

（　　）

(3) 「先生、もう帰るの。」

（　　）

8 〰〰線部「友達」を「先生」にかえ、――線部の言葉をふさわしい言葉に変えて、全文を書き直しなさい。

(1) 友達が答案用紙を配った。

（　　）

(2) 旅行中の友達から手紙をもらった。

（　　）

(3) 友達が望遠鏡を貸《か》してくれた。

（　　）

時間 30分　合格 80点　得点 　点

答え→別さつ5ページ

1 次の表の空らんに入る言葉を書きなさい。（25点／一つ5点）

	ふつうの言い方	A 尊敬語《そんけいご》	B けんじょう語
例	見る	ごらんになる	はい見する
(1)	いる		
(2)	行く	いらっしゃる	
(3)	する		

2 [A]～[C]に入る言葉をあとから選び、記号で答えなさい。（12点／一つ4点）

たとえば、書物を一冊《いっさつ》借りたい、というとき、相手がしたしいひとなら、[A]くらいですむが、あんまりしたしくないひとだったら、[B]といった表現《ひょうげん》になる。さらに距離《きょり》をおく必要があるときには、[C]というふうになる。

（加藤秀俊《かとうひでとし》「なんのための日本語」）

A（　　）　B（　　）　C（　　）

ア「この本をお貸《か》しいただけませんか」「お借りしたいのですが、いかがでしょうか？」

イ「この本をお貸しいたしましょうか？」「お借りいただければさいわいです」

ウ「まことにぶしつけでございますが、このご本をしばらく拝借《はいしゃく》できませんでしょうか？」

エ「ちょっとこの本借りるよ」「貸してちょうだい」

〔東山中〕

3 ——線部の言葉を正しい敬語表現に書き直しなさい。（15点／一つ5点）

(1) 母は家に<u>おられます</u>。

(2) 先生はわたしに一冊の本を<u>くれた</u>。

(3) ご不明な点は、係の者に<u>うかがって</u>ください。

(1)（　　）　(2)（　　）　(3)（　　）

〔山脇学園中〕

4 例を参考にして、各組の□に入る言葉を、指定字数のひらがなで書きなさい。（40点／一つ4点）

例
A 見る
B どうぞ、自由に［六字］てください。
C お手紙を［五字］ました。

B ごらんになっ
C はいけんし

(1)
A 言う
B あなたが［五字］ことはよくわかります。
C わたしがこれから［六字］ことはすべて真実です。

B □□□□□
C □□□□□□

(2)
A 食べる
B 何もございませんが、どうぞ［五字］てください。
C わたしも遠りょなく［四字］ます。

B □□□□□
C □□□□

(3)
A 来る
B 無理して［三字］にならなくてもけっこうです。
C すぐに責任者《せきにん》が［三字］ます。

B □□□
C □□□

(4)
A ［二字］
B そんなことまで私にお聞きになるのですか。
C あなたのお名前は［四字］たことがあります。

A □□
C □□□□

(5)
A ［二字］
B 集合場所には電車でいらっしゃいますか。
C わたしがおたくに［四字］ましょう。

A □□
C □□□□

〔普連土学園中―改〕

5 □に入る言葉をあとから選び、記号で答えなさい。（8点／一つ4点）

(1) 「コーヒーでも□になりますか。」
ア 飲まれ　イ お飲まれ
ウ お飲み　エ お飲ませ
（　）

(2) 「お母さまはお元気ですか。」
「ええ、おかげさまで。母も『よろしく』と申して□。」
ア おりました　イ ございました
ウ ありました　エ おきました
（　）

〔同志社香里中―改〕

チャレンジテスト①

答え→別さつ5ページ

時間 30分
合格 80点
得点 点

1 次の文の――線部の言葉で、敬語《けいご》の使い方がまちがっているものを選び、記号で答えなさい。（5点）（　　）

ア　先生のような方にお目にかかることができて、たいへん幸せです。

イ　せっかくいただいたものなので、わたしが味わってめしあがることにします。

ウ　校長先生のおっしゃることをよく聞いておきなさい。

エ　明日、わたしの家に、お世話になった方がいらっしゃることになりました。

〔東山中―改〕

2 □に入る言葉をあとから選び、記号で答えなさい。同じ言葉は一度しか使えません。（15点／一つ5点）

(1) 「風邪《かぜ》の効用《こうよう》」という本を読むにつれて、ぼくと野口さんには考え方の面で共通点があって、なるほどなと思いました。
□、野口さんの説では、風邪とか下痢《げり》というのは体の大掃除《そうじ》である、ということになります。（　　）

(2) 風邪をひけば、ぼくらは早めに寝《ね》ますし、下痢をすれば、食事を制限《せいげん》します。□、頭痛《ずつう》がひどいときはじっと静かにします。（　　）

(3) 生まれてきた人間は、必ず死ななければなりません。そのことを、わたくしたちは、日常的《にちじょう》にできるだけ感じないようにしています。□、体がそれを感じることがあります。（　　）

ア　ところで
イ　あるいは
ウ　たとえば
エ　しかし

〔六甲中―改〕

3 次の言葉の対義語《たいぎご》をあとから選び、漢字に直して書きなさい。（20点／一つ5点）

(1) 人工 ↔ □□

(2) 内容《ないよう》 ↔ □□

(3) 分散 ↔ □□

(4) 過去《かこ》 ↔ □□

ラクエン・ノウソン・シゼン・シュウチュウ
ケイシキ・コウシン・ミライ・タンチョウ

〔普連土学園中―改〕

4

[①]には、A「れる」、B「られる」のどちらかが入ります。それぞれ記号で答えなさい。また、[②]には、それぞれの「れる」「られる」の意味をあとから選び、記号で答えなさい。同じ記号を何度選んでもかまいません。（40点／各組完答一つ8点）

(1) 学校で先生にほめ[　]。

(2) この服は小さいがまだ着[　]。

(3) 雨がふり続いているので、梅雨《つゆ》明けが待た[　]。

(4) 先生が父からの手紙を見[　]。

(5) 病気がなおって、やっとご飯が食べ[　]。

ア 可能《かのう》（〜することができる）
イ 尊敬《そんけい》（相手の動作をうやまう）
ウ 自発（自然とそうなる）
エ 受け身（他から何かをされる）

	①	②
(1)		
(2)		
(3)		
(4)		
(5)		

〔洛星中—改〕

5

[A]〜[C]に入る言葉をあとから選び、記号で答えなさい。（12点／一つ4点）

我々《われわれ》はふだんの生活の中で、物がそこにあると思っている。[A]、本当に物はそこにあるのだろうか。[B]、使い慣《な》れたシャープペンシルがあるとする。しかし、古代人がそのシャープペンシルを見たとしても、それをシャープペンシルだと思うことはない。恐《おそ》らくただの棒《ぼう》に過《す》ぎないと思うことだろう。[C]、物はその人が理解《りかい》してはじめてその「物」となるのである。こうした「物がある」ことを知るために不可欠《ふかけつ》であるのが言葉だ。言葉によって我々は、そうした「物がある」ということを共有することもできるのである。

ア また　イ つまり　ウ でも
エ ただし　オ たとえば

A（　）B（　）C（　）

6

次の言葉の意味を選び、記号で答えなさい。（8点／一つ4点）

(1) ういた時間
ア することがなくたいくつな時間。
イ することをさがす時間。
ウ 自由に使える時間。
エ 自由に使えない時間。
（　）

(2) ほめたたえる
ア おおいにじまんすること。
イ おおいにみとめること。
ウ おおいにけなすこと。
エ おおいに笑うこと。
（　）

〔奈良育英中—改〕

4 慣用句《かんようく》・ことわざ・故事成語《こじせいご》

標準クラス

1 （　）に入る動物名をあとから選び、記号で答えなさい。

(1) （　）も歩けば棒《ぼう》にあたる
(2) （　）の川流れ
(3) （　）にしんじゅ
(4) （　）に小判《こばん》
(5) （　）に引かれて善光寺《ぜんこうじ》参り

ア 牛　**イ** しか　**ウ** かっぱ
エ 犬　**オ** ねこ　**カ** ぶた

2 次のことわざの意味をあとから選び、記号で答えなさい。

(1) さるも木から落ちる　（　）
ア どんな名人もときには失敗するということ。
イ あたりまえのことができないほどおどろくこと。
ウ 木の上のさるを落とすようなひどい行いのこと。

(2) かべに耳ありしょうじに目あり　（　）
ア むずかしいことでもちょう戦すること。
イ ないしょのつもりでももれやすいこと。
ウ かべにもしょうじにもしかけがしてあること。

3 次の慣用句の意味をあとから選び、記号で答えなさい。

(1) お茶をにごす　（　）
ア お茶をたてること。　**イ** お茶の味を悪くすること。
ウ まちがって伝えること。
エ いいかげんにその場をごまかすこと。

(2) 水に流す　（　）
ア 大そうじをすること。　**イ** 川にものをすてること。
ウ 過去にあったもめ事などをなかったことにすること。
エ はじめからやり直すこと。

(3) 顔が広い　（　）
ア 顔が大きいこと。　**イ** 態度《たいど》が大きいこと。
ウ たくさんのことを知っていること。
エ つき合いが広く、知り合いが多いこと。

答え 別さつ6ページ

4 □に入る言葉をあとから選び、記号で答えなさい。

(1) 町の人も犯人《はんにん》を見つけ出そうと□さがした。
(2) 今か今かと□待っていた。
(3) 完成間近《まぢか》でこわれて、せっかくの苦心も□。
(4) そんなりっぱな計画なら、ぼくも□賛成《さんせい》だ。
(5) 残念でしかたがなかったが、□引き下がった。
(6) それは絶対《ぜったい》だいじょうぶだ。□気持ちでわたしにまかせなさい。
(7) はずかしくてはずかしくて□。
(8) いたずらが見つかり、先生にうんと□。
(9) 相手がものすごく強くて□。

(1)（　） (2)（　） (3)（　） (4)（　）
(5)（　） (6)（　） (7)（　） (8)（　）
(9)（　）

ア 大船に乗った　イ すみにおけなかった
ウ 水のあわだ　エ 血まなこになって
オ 油をしぼられた　カ 首を長くして
キ 顔から火が出た　ク 手も足も出なかった
ケ なみだをのんで　コ 横車をおした
サ もろ手をあげて

5 次の故事成語の意味をあとから選び、記号で答えなさい。

(1) 八百長《やおちょう》　(2) 十八番　(3) 蛇足《だそく》　(4) 矛盾《むじゅん》

ア 余計《よけい》なつけたし。無用なもの。
イ なれあいで事を運ぶこと。
ウ 物事のつじつまが合わないこと。
エ 収入《しゅうにゅう》より出ていくお金が多いこと。
オ 得意な芸やわざのこと。

(1)（　） (2)（　） (3)（　） (4)（　）

6 （　）の中の意味を表す慣用句になるように、□に入る言葉をあとから選んで書きなさい。

(1) □が折れる　（苦労すること。）
(2) □にかける　（じまんをすること。）
(3) □が出る　（予算以上に使うこと。）
(4) □がかるい　（ぺらぺらとしゃべること。）
(5) □がいたい　（聞くのがつらいこと。）
(6) □がまわる　（とてもいそがしいこと。）

目・口・足
鼻・耳・腹《はら》
顔・骨《ほね》・首

(1)□ (2)□ (3)□
(4)□ (5)□ (6)□

4 慣用句《かんようく》・ことわざ・故事成語《こじせいご》

ハイクラス

時間 30分
合格 80点
得点 点

答え→別さつ6ページ

1 次の言葉は、下のどの言葉につながりますか。――線で結びなさい。(18点／一つ3点)

(1) 耳をそばだてて・　　・ア 引かれる。
(2) うしろがみを・　　・イ ひそめる。
(3) まゆを・　　・ウ 見えない。
(4) 人っ子ひとり・　　・エ 手が出る。
(5) のどから・　　・オ あせをにぎる。
(6) 手に・　　・カ 聞く。

2 次の慣用句の意味をあとから選び、記号で答えなさい。(15点／一つ3点)

(1) かぶとをぬぐ
(2) 耳をかたむける
(3) さじをなげる
(4) きもをつぶす
(5) 顔にどろをぬる

ア ひどくびっくりすること。
イ 注意を集めてよく聞くこと。
ウ こうさんすること。
エ はじをかかせること。
オ 見こみがないとあきらめること。

(1)(　) (2)(　) (3)(　)
(4)(　) (5)(　)

3 次のことわざの意味をあとから選び、記号で答えなさい。(15点／一つ3点)

(1) 帯に短し、たすきに長し
(2) 二階から目薬
(3) どんぐりのせいくらべ
(4) まかぬ種は生えぬ
(5) どろぼうを見てなわをなう

ア どれもが同じくらいで、すぐれたものがないこと。
イ あわてて用意をすること。準備《じゅんび》の悪いこと。
ウ ききめのうすいこと。もどかしいこと。
エ 物事が、ちゅうとはんぱで役に立たないこと。
オ 原因《げんいん》がなければ結果はあらわれないこと。

(1)(　) (2)(　) (3)(　)
(4)(　) (5)(　)

4 例にならい、次の文の□に漢字一字を入れて、慣用句を完成させなさい。また、それぞれの慣用句の意味をあとから選び、記号で答えなさい。(18点／一つ3点)

例 もはや彼《かれ》のほうが数段《すうだん》上手で、私《わたし》では□が立たない。　歯　(ア)

(1) このような賞をいただくのは□に余《あま》る光栄です。
(2) こんなによい雰囲気《ふんいき》に□を差すような話をして申し

(3) わけない。
□を冷やして出直しなさい。

(1) □（　） (2) □（　） (3) □（　）

ア 全くかなわない。
イ 知人が多い。
ウ 仕事をなまける。
エ 自分にはもったいない。
オ 気持ちを静める。
カ じゃまをする。

〔明星中〕

5

次の故事成語の意味をあとから選び、記号で答えなさい。（9点／一つ3点）

(1) 羊頭狗肉《ようとうくにく》 (2) 株《かぶ》を守る (3) 他山の石

ア 詩文の字句を考え練ること。
イ 見かけや看板《かんばん》は立派《りっぱ》だが、内容《ないよう》がともなわないこと。
ウ つまらない人の言行でも、自分の向上に役立つこと。
エ 旧習《きゅうしゅう》を固守して、ゆうずうがきかないこと。

(1)（　） (2)（　） (3)（　）

〔富士見丘中―改〕

6

次の「目」を使った慣用句の意味をあとから選び、記号で答えなさい。（15点／一つ3点）

(1) 目がきく (2) 目をかける (3) 目にあまる
(4) 目がない (5) 目をひく

ア ひどすぎて、見すごすわけにはいかない。
イ 人の注意を向けさせる。
ウ とても好きである。
エ 正しく見ぬく力がある。
オ めんどうを見る。

(1)（　） (2)（　） (3)（　）
(4)（　） (5)（　）

〔武蔵野大学中〕

7

次のことわざと同じ意味のものをあとから選び、記号で答えなさい。（6点／一つ3点）

(1) さるも木から落ちる
(2) のれんにうでおし

ア 弘法《こうぼう》にも筆のあやまり
イ ひょうたんから駒《こま》
ウ 石橋をたたいてわたる
エ 石の上にも三年
オ 急がば回れ
カ ぬかにくぎ

(1)（　） (2)（　）

〔プール学院中〕

8

次の各組の□に共通して入る言葉を、漢字一字で書きなさい。（4点／一つ2点）

(1)
・□を明かす
・□を折る
・□がきく
・□が高い

□

(2)
・□が回らない
・□ねっこをおさえる
・□を長くする
・□をかける

□

5 文の組み立て

標準クラス

答え▶別さつ7ページ

1 例にならって、次の文の主語には――線を、述語《じゅつご》には～～線を引きなさい。

例 向こうに白い家が見える。

(1) 電車が鉄橋をわたる。

(2) わたしの家の犬は、よくほえる。

(3) 花だんのバラがきれいにさいた。

(4) わたしは、元気な小学生です。

2 ～～線部の言葉は修飾語《しゅうしょくご》（あとの語句《ごく》の意味・内容《ないよう》をくわしくする語）です。例にならって、修飾される（説明する・かかる）言葉を選び、記号で答えなさい。

例 赤い　ア花が　イさく。（ア）

(1) ア兄は　白い　イシャツを　ウ着ている。（　）

(2) アそよ風が　そっと　イほおを　ウなでた。（　）

(3) きっと　アあの　イ人は　ウ来るでしょう。（　）

(4) アまどから　もえるような　イ夕日を　ウながめた。（　）

3 ～～線部の言葉を説明している語（修飾語）はどれですか。例にならって、記号で答えなさい。

例 アすばらしい　イ景色が　ウはてしなく　続く。（ウ）

(1) ア広い　イ道路が　ウまっすぐに　走っている。（　）

(2) アふと　イ友達の　ことを　ウ思い出した。（　）

(3) アだんだん　イ夏の　ウ日は　長くなる。（　）

(4) ア母は　イ急いで　ウ駅に　行った。（　）（　）

(5) ア雲が　イゆっくりと　ウ西へ　流れる。（　）（　）

4 例にならって、次の文の、A主語とB述語を選び、記号で答えましょう。主語と述語は、必ずそれぞれの組にして答えること。主語が見つからない場合は、×を書きなさい。

例 ア冬は　イ寒く、ウ夏は　エ暑い。
A（ア）B（イ）・A（ウ）B（エ）

(1) ア電車は　イ止まり、ウバスも　エ動かない。
(2) ア美しい　イ花が　ウさき、エ小鳥は　オ楽しそうに　カ歌う。
(3) ア花と　イケーキを　ウ買い、エわたしは、オ家へ　カ帰った。
(4) ア兄は　イ山へ、ウ弟は　エ海へ　オ行った。
(5) ア父も　イ母も　ウ祖父母《そふぼ》の　エ家へ　オ行った。
(6) ア土曜日に　イ絵を、ウ日曜日に　エピアノを　オ習っている。

(1) A（　　）B（　　）・A（　　）B（　　）
(2) A（　　）B（　　）・A（　　）B（　　）
(3) A（　　）B（　　）・A（　　）B（　　）
(4) A（　　）B（　　）・A（　　）B（　　）
(5) A（　　）B（　　）・A（　　）B（　　）
(6) A（　　）B（　　）

---

5 例にならって、次の文の語を、ア主語・イ述語・ウ修飾語に分けて、記号で答えなさい。

例 大きな（ウ）　川が（ア）　静かに（ウ）　流れる。（イ）

(1) 父が（　）　あつい（　）　本を（　）　くれた。（　）
(2) 朝顔の（　）　花が（　）　美しく（　）　さいた。（　）
(3) 三階建ての（　）　すばらしい（　）　校しゃが（　）　完成した。（　）
(4) 朝（　）　雨が（　）　ふっていたら（　）　遠足は（　）　中止です。（　）
(5) 母は（　）　すみずみまで（　）　ていねいに（　）　そうじする。（　）
(6) あの（　）（　）店は（　）　一か月も（　）　しまっている。（　）
(7) 空は（　）　晴れわたり、（　）　木々の（　）　緑が（　）（　）目に（　）　まぶしい。（　）

時間	30分
合格	80点
得点	点

答え→別さつ8ページ

1 次の文について、あとの問いに記号で答えなさい。（20点／一つ5点・(4)完答）

ア まぶしいほど　イ 真っ青な　ウ 西の　エ 空に　オ 綿《わた》のような　カ 雲が　キ うかぶ。

(1) この文の主語はどれですか。（　　）

(2) この文の述語《じゅつご》はどれですか。（　　）

(3) ――線イ「真っ青な」は、どの言葉を修飾《しゅうしょく》（説明）していますか。（　　）

(4) この文の組み立てを図に表すと、次のようになります。□に記号を入れなさい。

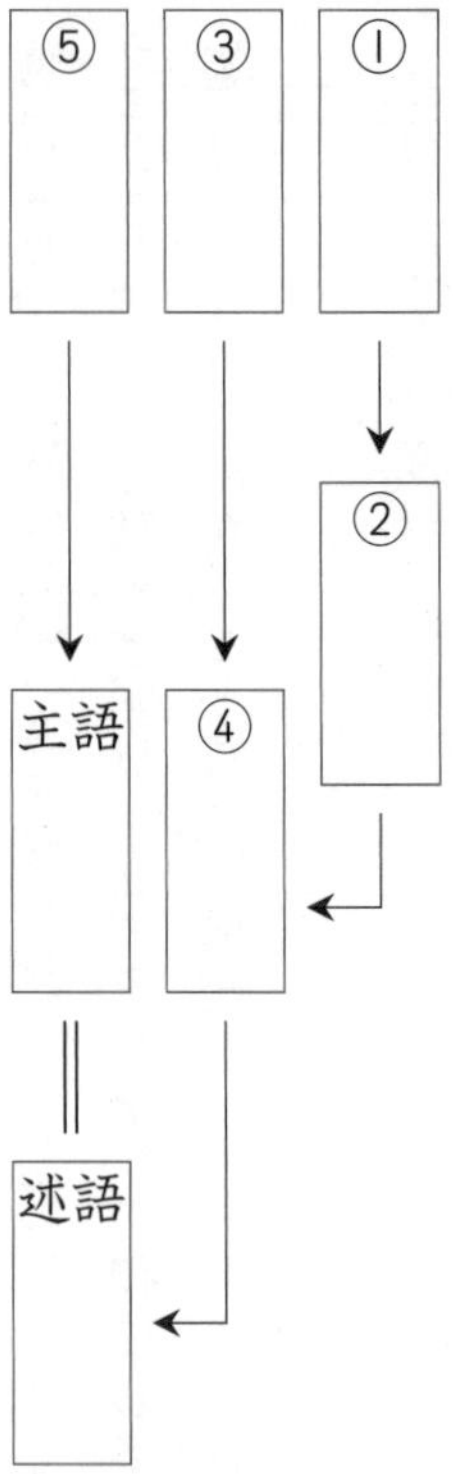

2 ～～線部の言葉は、どの言葉を修飾して（かかって）いますか。記号で答えなさい。（20点／一つ4点）

(1) はっきり　ア 口に　イ だして　ウ いうのは　エ ぐあいが　オ 悪い。

(2) ア 山の　イ 方から　犬の　ウ 悲しげな　エ 遠ぼえが　オ 聞こえる。

(3) ア 彼女《かのじょ》の　イ 足元から　いきなり　ウ ひばりが　エ まい上がった。

(4) 果てしない　ア すみきった　イ 秋空に、ウ わたり鳥の　エ 群《む》れが　オ 飛ぶ。

(5) ア バスは　イ 予定どおり　午前八時に　ウ 駅前を　エ 発車した。

(1)（　　）　(2)（　　）　(3)（　　）
(4)（　　）　(5)（　　）

3 ～～線部の言葉が修飾している文節（文をいくつかに切ったとき、一つのまとまりになる、最も小さな単位。ここでは上下が一マスずつ空いている）を、例にならってぬき出しなさい。（20点／一つ5点）

例 今日は　はっきり　富士山《ふじさん》が　見えます。（見えます）

(1) たぶん　明日は　学校に　行けるだろう。

(2) じろじろと　人を　見るのは　失礼だ。

(3) 流氷は、とつぜん　岸に　流れつく。

(4) ガラスのように　まじりけのない　とう明な　岩塩がとれる。

(1)（　　　） (2)（　　　）

(3)（　　　） (4)（　　　）

4 次の文の主語に――線を、述語に～～線を引きなさい。（20点／各組完答一つ5点）

(1) 紙のふくろをかぶせられたりんごは、やがて実るだろう。

(2) 朝からの強風にもかかわらず、花は散らなかった。

(3) 漢字は、今から三千年以上も昔に、中国で生まれた文字です。

(4) 作文の時間の終わりにわたしたちは、一人ずつ書いたものを先生のつくえの上に出しました。

5 次の文の言葉を、ア主語・イ述語・ウ修飾語に分けて（　）に記号で答えなさい。（20点／各組完答一つ4点）

(1) わたしは、（　）お母さんと、（　）妹の（　）服を（　）デパートに（　）買いに（　）行った。（　）

(2) 昔の（　）人々は（　）自然と（　）ともに（　）生き、（　）対話しながら（　）生活した。（　）

(3) 願いを（　）実現《じつげん》するために、（　）わたしたちは、（　）日夜（　）研究を（　）重ねた。（　）

(4) すぐれた（　）写真は、（　）ある（　）ものの（　）しゅん間を（　）正確《せいかく》に（　）伝える。（　）

(5) 湖の（　）青さに（　）感動し（　）思わず（　）声を（　）あげた。（　）

チャレンジテスト②

1 次の文の、主語に――線を、述語《じゅつご》に～～線を引きなさい。（12点／各組完答一つ3点）

(1) 兄は、母のために花を買った。

(2) 明るい夕焼けの空をわたしは父と見た。

(3) まるで台風のときのように、雨がはげしくふった。

(4) 黄色の花びらは、そよ風にやさしくゆれた。

2 次のことわざの意味に近い言葉を□から選び、漢字に直して書きなさい。同じ言葉は一度しか使えません。（24点／一つ4点）

(1) 転ばぬ先のつえ　(2) かっぱの川流れ

(3) たなからぼたもち　(4) 月とすっぽん

(5) 急がば回れ　(6) すずめのなみだ

しっぱい・こううん・しょうりょう
ようじん・しんせつ・たいさ・ちゃくじつ

(1) ［　　］　(2) ［　　］　(3) ［　　］
(4) ［　　］　(5) ［　　］　(6) ［　　］

〔山脇学園中―改〕

時間 30分　合格 80点　得点 　点

答え➡別さつ8ページ

3 次の慣用句《かんようく》の――線部の言葉の意味と最も近いものをあとから選び、記号で答えなさい。（16点／一つ4点）

(1) 足をのばす
ア 足がぼうになる　イ 足が出る
ウ 足が遠のく　エ 足の便が悪い
（　　）

(2) 顔が立つ
ア 顔がそろった　イ 会わせる顔がない
ウ 顔が広い　エ 顔をあらう
（　　）

(3) 目がきく
ア 目がくもる　イ 目から鼻にぬける
ウ 目がでる　エ 目に留《と》まる
（　　）

(4) 頭がかたい
ア 頭からまちがう　イ 頭をひねる
ウ 頭をそろえる　エ 頭を丸める
（　　）

〔洛星中〕

4 □に入る言葉をあとから選び、記号で答えなさい。（9点／一つ3点）

(1) うっかり□大事なことをもらしてしまう。
ア 口をそろえて　イ 口をとがらせて
ウ 口を切って　エ 口をすべらせて
（　　）

(2) 試験会場に着いて、精《せい》いっぱいやるしかないと□。　（　　）

ア 腹《はら》をくくった　イ 腹をかかえた

ウ 腹を肥《こ》やした　エ 腹を割《わ》った

(3) 決勝戦が近づきだれもがきん張《ちょう》していたが、彼《かれ》一人何事もないような□をしていた。　（　　）

ア したり顔　イ すずしい顔

ウ うかぬ顔　エ あまい顔

5

～～線部の言葉は、どの言葉を修飾《しゅうしょく》（説明）していますか。記号で答えなさい。（15点／一つ3点）

(1) とつ然　ア パシャッと　イ 音がしたので、ウ 辺りを　エ さっと　オ 見回した。

(2) ごつごつした　ア 岩の　イ くぼみに　ウ いくつもの　エ しおだまりが　オ 光っている。

(3) ア ぼくは　イ どこからか　ウ だれかに　じっと　エ 見られている　ような　オ 気がした。

(4) ア 海に　イ いちばん近い　ウ しおだまりに、ひっそりと　エ も型《けい》のヨットが　オ うかんでいた。

(5) ア 帰りの　イ 電車に　ウ 乗る前に、いつも　エ 妹は　オ 電話をしてくる。

(1)（　　）　(2)（　　）　(3)（　　）　(4)（　　）　(5)（　　）

6

□に入る言葉を、指定字数の漢字で書きなさい。（24点／一つ4点）

(1) 今年こそはお年玉をたくさんもらえると期待していたのに、「とらぬたぬきの［三字］」だった。

(2) あんなにさがしていた消しゴムがつくえの引き出しから見つかるなんて、「［二字］もと暗し」とはこのことだ。

(3) なるほど「所変われば［一字］変わる」で、その土地によってぞうにの作り方もことなるのか。

(4) りっぱな社会人になるために、常《つね》日ごろから身近な人々のあやまちを「他山の［一字］」としておこう。

(5) 気の短いぼくは、いつも母から「短気は［二字］」といましめられる。

(6) おつかいのと中で「［一字］を売っ」ていて帰りがおそくなり、母からおこられた。

(1)□□□　(2)□□　(3)□　(4)□　(5)□□　(6)□

〔東大寺学園中—改〕

6 場面の様子をつかむ

標準クラス

答え→別さつ9ページ

1 次の文章を読んで、あとの問いに答えなさい。

*残雪《ざんせつ》の目には、人間もはやぶさもありませんでした。ただ救《すく》わねばならないなかまのすがたがあるだけでした。いきなり、敵《てき》にぶつかっていきました。大きな羽で、①力いっぱい相手をなぐりつけました。

不意を打たれて、さすがのはやぶさも、空中で、ふらふらとよろめきました。が、さっと体勢《たいせい》を整えると、残雪のむな元に飛びこみました。

羽が、②白い花弁《かべん》のように、すんだ空に飛び散りました。そのまま、はやぶさと残雪は、もつれ合って、ぬま地に落ちていきました。

大造《だいぞう》じいさんはかけつけました。二羽の鳥は、なおも、地上ではげしく戦っていました。が、はやぶさは、人間のすがたをみとめると、急に戦いをやめて、よろめきながら飛び去っていきました。

残雪は、むねの辺りをくれないにそめて、ぐったりとしていました。しかし、第二のおそろしい敵が近づいたのを感じると、残りの力をふりしぼって、ぐっと長い首をもち上げました。そして、じいさんを正面からにらみつけました。それは、鳥とはいえ、いかにも頭領《とうりょう》らしい、③堂々《どうどう》とした態度《たいど》のようでありました。

（椋《むく》 鳩十《はとじゅう》「大造じいさんとガン」）

*残雪＝ガンの群《む》れの頭領の名前。

(1) ――線①「力いっぱい相手をなぐりつけました」とありますが、だれがだれをなぐりつけたのですか。

（　　　　　　　　）なぐりつけた。

(2) ――線②「白い花弁のように」とありますが、だれの何が飛び散ったのですか。

（　　　　　　　　）が飛び散った。

(3) ――線③「堂々とした態度」とは具体的には残雪のどのような態度ですか。文章中の言葉を使い、「態度。」に続くように書きなさい。

（　　　　　　　　）態度。

2 次の文章を読んで、あとの問いに答えなさい。

夏休みの第一日目、私《わたし》はユウカイされた。

なんの予定もなくて、家にはだれもいなくて、寝転《ね》がって見ていたテレビに映《うつ》った、新発売のアイスクリームがおいしそうだったから、買いにいくつもりで家をでた。岡田《おかだ》歯科の角を曲がり、向こうにセブンイレブンが見えたとき、うしろから走ってきた車が私の真横でスピードを落とし、しばらく先でとまった。運転席の窓《まど》が開き、男が顔をつきだして

「おじょうちゃん、お乗りになりませんか」

と声をかける。私は男をじっと見つめたまま車まで［A］と歩き、助手席のドアを開けた。車の中はきんと涼《すず》しかった。アイスクリームなんてどうでもよくなるくらい。

「背《せ》、伸《の》びたな、ハル」

運転席の男は言った。ユウカイ犯《はん》は私の名前を知っている。

「そうかな」

私もこの男を知っている。なぜなら、おかしいほど大きなサングラスをかけたこの男は、私のおとうさんなのだ。

「車、どうしたの」

私はきいた。おとうさんの車はセブンイレブンを通りすぎ、並木道《なみきみち》の住宅街《じゅうたくがい》をまっすぐに進む。木々の葉っぱは目が痛《いた》くなるくらい、［B］と輝《かがや》いている。

「ああこれ、もらったんだ」

「私ね、車乗るの大好きなんだ。おかあさんはほら、免許《めんきょ》持ってないでしょ。でもこのまえさゆりちゃんのおとうさんに車乗せてもらってさあ、あ、さゆりちゃんてクラスの子、すごく美人なんだけど、その子んちの車乗せてもらって、気持ちよかったなあ。ねえ、私、ファミリーレストランいきたい」

私は［C］しゃべった。いつもそうなのだ。［D］すると、言葉がどんどんのどにはいあがってきて、とまらなくなる。緊張《きんちょう》しているのは、おとうさんに会うのがすごくひさしぶりだから。

（角田光代《かくたみつよ》「キッドナップ・ツアー」）

(1) ［A］～［C］に入る言葉を次から選び、記号で答えなさい。

A（　　）　B（　　）　C（　　）

ア ぐるぐる　**イ** のそのそ　**ウ** ちらちら
エ どんどん　**オ** べらべら

(2) ［D］に入る言葉を、文章中から二字でぬき出しなさい。

〔清風中—改〕

6 場面の様子をつかむ

ハイクラス

時間 30分
合格 80点
得点 点

答え▼別さつ10ページ

1 次の文章を読んで、あとの問いに答えなさい。

北海道の石狩《いしかり》川のほとりに暮《く》らす農家に、十四になる八太《はった》郎《ろう》という少年がいました。ある日のこと、八太郎は石狩川にそって山へかりに出かけました。

鳥を追いながら高いがけの下へさしかかったとき、八太郎は、ふと一羽の若いわしが、つばさに傷《きず》を受け、飛べないでいるのを見つけたのです。八太郎は、その傷ついたわしをやっと自分の両うでで抱かえながら、家へ帰ってきました。そして、湯をわかして、わしの傷を洗《あら》い、それから、物置小屋の中に、わらと草とで巣を作ってやりました。

わしのつばさがなおって、飛べるようになるまでに、ひと月たちました。しかし、元気になったわしをそのままにしておくわけにはいきません。八太郎は、わしがまた人につかまることのないように、自分の家からずうっと遠い山へ連れていって放しました。若いわしは、別れをおしむかのように、大きい輪をえがきながら遠い山の方へ悲しそうに飛んでいきました。

そのうちに、夏が去り秋がき、冬が去り春がきて、やがてまた初夏の楽しい季節がきました。雪にうずもれていたいろいろな草木の花が一時にさき、そして石狩川には、その背《せ》で波が立つほどいっぱいのさけがいるのです。

八太郎の家のすぐそばには、大きな滝《たき》がありました。その滝の上流の浅瀬《あさせ》ほどさけのよくとれる所はほかにありません。しかし滝の上流は流れが急ですから、少し油断《ゆだん》をすると急流におし流されて、滝の方へ持っていかれるのです。滝へ持っていかれれば、どうしたって助かりっこありません。

ある晴れた五月の朝早く、八太郎は滝の半里*ぐらい上流に丸木ぶねで乗り出し、やりを持ちながら、さけのいっぱいいる浅瀬を下っていきました。

あんまりさけがとれるので、注意深い八太郎でも、これまでになくむちゅうになっていたのでしょう。ふと八太郎が顔を上げたとき、丸木ぶねは急流に流れこんでいました。八太郎はかいを取り出し一生けんめいにこぎました。しかし、激《はげ》しい流れは、八太郎をどんどんおし流します。①人間にうえている滝は、勝ちほこっているようにほえ続けました。

もう運命の決まったふねは、一秒一秒速力を増《ま》しながら、弾《たま》のように滝の方へ走りました。両岸の黒い岩が、まぼろしのようにすべりすぎていきます。おそろしい滝の音は、かみなりのように八太郎の耳にひびきました。

その時、丸木ぶねの上をさっと一つのかげが通りすぎました。八太郎は空を見上げました。そして、大きなわしが頭の上を飛んでいるのを見たのです。両方の足をたれながら、太陽がかくれるほど大きくつばさを広げているのです。

「わっ！」
と、喜びの声をあげながら、八太郎は丸木ぶねの上に立ち上がり、ああっという間に、両手をのばしてわしの両足をとらえました。

丸木ぶねはかれの足もとからひっさらわれて、②滝の真っ黒なかべのようになった水の中へ落ちてしまいました。が、八太郎と、八太郎をささえているわしとは、滝の水けむりの中をはなれながら、下流の方へだんだんと飛んでいくのでした。

滝は、せっかくのえものをうばいとられたけもののように、くやしそうにうなっていました。

滝つぼの下の砂地《すなち》へ八太郎をおろしたわしは、つかれたそのつばさで、ふたたび風を切りながら、大空高くまい上がりました。

③八太郎は砂の上にうずくまりながらも、目をかがやかせて、わしの姿《すがた》が、はるか高い山のいただきにかくれるまでずっと見送っていました。

（菊池《きくち》 寛《かん》「八太郎のわし」）

＊半里＝一里（約四キロメートル）の半分、約二キロメートル。

(1) この文章を、大きく三つの場面に分けるとき、三つ目の場面の初めの五字をぬき出しなさい。（20点）

(2) ――線①の「人間」と「滝」を別のものにたとえた表現を、それぞれぬき出しなさい。（20点／一つ10点）

人間（　　　）　滝（　　　）

(3) ――線②について、こうなることを暗示している部分を、文章中から十字以内でぬき出しなさい。（20点）

(4) ――線③の表現からうかがえる八太郎の気持ちとして最も適切《てきせつ》なものを次から選び、記号で答えなさい。（20点）（　　）

ア おそろしい体験に身も心もつかれながら、わしと心が通い合った喜びを感じている。

イ 自分の行動のおろかさを反省しながら、わしと自分との昔のできごとを思い出している。

ウ 命が助かった喜びをかみしめながら、助けてくれたわしがいなくなることをさびしがっている。

エ 急流の中で何もできない自分に自信を失いながら、りっぱに成長したわしをうらやましく思っている。

(5) この文章を読んだあとの感想として最も適切なものを次から選び、記号で答えなさい。（20点）（　　）

ア 短い文を多く用いたはぎれのよさに、過《す》ぎ去る時間の速さを感じる。

イ 読者に問いかけてくるような語り口に、身近な親しみやすさを感じる。

ウ 情景《じょうけい》の変化をたくみに用いた場面展開《てんかい》に、張《は》りつめるふんい気を感じる。

エ 自然の美しさを生き生きとえがき続ける中に、あざやかな色合いを感じる。

〔長崎大附中―改〕

7 心情《しんじょう》をとらえる

標準クラス

答え→別さつ10ページ

1 次の文章を読んで、あとの問いに答えなさい。

その晩《ばん》、狐《きつね》のごんは、穴《あな》の中で考えました。「兵十《ひょうじゅう》のおっかあは、床《とこ》についていて、うなぎが食べたいと言ったにちがいない。それで兵十が、はりきり網《あみ》を持ち出したんだ。ところが、わしがいたずらをして、うなぎを取って来てしまった。だから兵十は、おっかあにうなぎを食べさせることができなかった。そのままおっかあは、死んじゃったにちがいない。ああ、うなぎが食べたい、うなぎが食べたいと思いながら、死んだんだろう。ちょっ、あんないたずらをしなけりゃよかった。」

（新美南吉《にいみなんきち》「ごんぎつね」）

(1) ――線部「床について」のここでの意味を次から選び、記号で答えなさい。（　　）

ア ふとんに入って。
イ 病気になりねこんで。
ウ たたみの上にじかにねて。

(2) ごんは、兵十のおっかあがどう思いながら死んだと考えましたか。文章中からぬき出しなさい。

（　　　　　　　　）

(3) ごんの気持ちが表れている一文を、文章中からぬき出しなさい。

（　　　　　　　　）

2 次の文章を読んで、あとの問いに答えなさい。

兄が目をきょろきょろさせているようすは、ちょうど、朝、おばあさんが背《せ》なかを丸くして、ふとんの上で、ノミを追いかける格好《かっこう》とよく似《に》ていた。弟はそれを見ると、わけもなく、うれしい気もちになってきた。そして、自分もまたすぐに背なかと目だまをまあるくして、*タケ狩《が》りをやりだした。もちろん、弟は兄の*四半分《しはんぶん》もとれなかったけれど、マツ林の中をはねまわって歩くことは、なんと言っても、①彼《かれ》にはゆかいでたまらなかった。

とつ然ドシーンというひびきがした。兄はふいと目をあげると*一間《いっけん》ばかり先の、少し傾斜《けいしゃ》になっている地面の上を、②弟はころころところがっていた。おそらく、木の根か何かにつまずいたのだろう。はずみをくらって、ころがりだしたものらしい。それを見ると、兄は思わずふきだしてしまった。弟が目の前で倒《たお》れたのだから、すぐにも駆《か》けて行って、起こしてやるのが当然なのだが、その瞬間《しゅんかん》には、「弟」とか「起こす」とかいう考えはまるでなかった。それどころか、手を打って、はやしたてたいような気持ちでいっぱいだった。しかし、次の瞬間には、もう弟のそばにいた。そして、木の根かたでとまった、弟のからだを引き起こした。その時の彼は、□兄であった。彼は心配にふるえながら弟を介抱《かいほう》した。ところが、弟は起き上がると、兄の顔を見るなり、にやりと笑った。すると兄の顔もまた、ひとりでにほほえんでしまった。泣きだすと思った弟が笑ったものだから、兄は急に気が軽くなった。

（山本有三《やまもとゆうぞう》「兄弟」）

*タケ狩り＝ハツタケ（キノコの一種）採《と》りのこと。
*四半分＝四分の一。
*一間＝約一・八メートル。

(1) ――線①「彼にはゆかいでたまらなかった」とありますが、何によってゆかいな気持ちになったのですか。ふさわしくないものを次から選び、記号で答えなさい。（　）

ア ハツタケを採るだけでなく、やさしい兄と広いマツ林を走りまわったこと。
イ たくさんのハツタケを収穫《しゅうかく》できて、今夜のおかずが用意できたこと。
ウ おばあさんを思わせる兄の姿《すがた》をまねしながらハツタケをとったこと。

(2) ――線②「弟はころころところがっていた」とありますが、それを見た兄は、どのような気持ちになりましたか。「～気持ち。」に続くように、十字以内で二つ書きなさい。

□□□□□□□□□□気持ち。
□□□□□□□□□□気持ち。

(3) □に入る言葉を次から選び、記号で答えなさい。（　）

ア 底意地の悪い　イ 親切ぶった
ウ いたわりぶかい　エ おろおろするばかりの

〔芝浦工業大柏中―改〕

7 心情《しんじょう》をとらえる

ハイクラス

時間 30分
合格 80点
得点 　点

答え 別さつ11ページ

1 次の文章を読んで、あとの問いに答えなさい。

最初に一度、①お手本を見せてやることにした。うまくいくかどうか不安だったが、ここで失敗すると父親の＊沽券《こけん》にかかわる。明日の朝の筋肉痛《きんにくつう》を覚悟《かくご》して、息をつめ、地面を強く蹴《け》り上げた。

中年太りにさしかかった体の重みが、鉄棒《てつぼう》をつかんだ両腕《りょううで》にかかる。一気に、脚《あし》と尻《しり》を上に運ぶ。窮屈《きゅうくつ》に折りたたんだみぞおちがきしむように痛《いた》み、頭に血がのぼって、②ヤバいかな、一瞬《いっしゅん》ひやりとしたが、次の瞬間、腰《こし》から下がスッと軽くなり、公園の風景が反転した。よし。体の回転のタイミングに合わせて手首を返し、両腕をつっ張《ぱ》って体を支《ささ》えた。

③成功だ。ずいぶんぎこちなく不格好《ぶかっこう》だったはずだが、とにもかくにも、さかあがり成功——。

「どうだ？」真一《しんいち》は弾《はず》みをつけて地面に降《お》りた。「簡単《かんたん》だろう？」

「ぜーんぜん」

葉子《ようこ》はそっけなく返し、④唇《くちびる》をとがらせた。

「見てただろ？　勢《いきお》いをつけてお尻を上げればいいんだよ。てっぺんに来るまでは重いけど、そこを越《こ》えれば、あとはもう勝手に体がクルッと回っちゃうから」

ア「ごはん食べたあとだから、気持ち悪くなっちゃうよ」
イ「じゃあ、もしゲーしちゃったら、パパ、責任《せきにん》とってくれる？」
ウ「そんなこと言うほうがりくつじゃないか。とにかくやってみろ」
エ「りくつで言うだけなら、だれでもできるよ」
オ「だいじょうぶだって」

⑤鼻の頭をツンと上に向けて、言う。「最近すごく生意気になっちゃって」とこぼす妻《つま》の菜々子《ななこ》の気持ちが、真一にもなんとなくわかった。肝心《かんじん》なところでは臆病《おくびょう》なくせに、幼《おさな》い頃《ころ》から口だけは達者な子だ。小学二年生の、いまは十月。⑥こういう女の子って昔もいたよな、という気もしたが、三十七歳《さい》の真一にとって三十年前の教室はあまりにも遠く、淡《あわ》く、同級生の顔はほとんどうかばなかった。「まあいいから、一回やってみろよ。な？　どこがよくないのか、見てみなくちゃわかんないし」

「うん……」

⑦「ほら、がんばれ」

「そんな、すぐにできるわけないじゃん、ちょっと黙《だま》っててよ」

大の苦手の体育、中でもいっとう嫌《きら》いな鉄棒だ。公園に連れ出すのも⑧一苦労だった。

（重松《しげまつ》　清《きよし》「さかあがりの神様」）

＊沽券＝ていさい。体面。

(1) ——線①「お手本」とありますが、

①何のお手本ですか。（10点）

（　　　）

②お手本を見せようとしたとき、どういう気持ちでしたか。文章中の言葉を使って二つ書きなさい。（20点／一つ10点）

（　　　）

（　　　）

(2) ——線②「ヤバイかな」と思ったのはなぜですか。文章中の言葉を使って書きなさい。（10点）

（　　　）

(3) ——線③「成功だ」と思えたのは、どんなことが起こったときですか。文章中の言葉を使って書きなさい。（10点）

（　　　）

---

(4) 文章中の□の中の会話を、意味が通じるようにならべかえて、順序《じゅんじょ》を記号で答えなさい。（完答10点）

（　→　→　→　→　）

(5) ——線④・⑤は、それぞれどのような表情《ひょうじょう》を表していますか。次から選び、記号で答えなさい。（10点／一つ5点）

ア 人をばかにした表情。　イ 不満そうな表情。

ウ そっけない表情。　エ さびしげな表情。

④（　）⑤（　）

(6) ——線⑥「こういう女の子」とは、どんな子ですか。文章中の言葉を使って書きなさい。（10点）

（　　　）

(7) ——線⑦「ほら、がんばれ」と言ったのは、だれですか。次から選び、記号で答えなさい。（10点）

ア 真一　イ 菜々子　ウ 葉子

（　）

(8) ——線⑧「一苦労だった」とありますが、それはなぜですか。文章中の言葉を使って書きなさい。（10点）

（　　　）

（和洋国府台女子中—改）

8 会話や動作から読み取る

標準クラス

答え→別さつ11ページ

1 次の文章を読んで、あとの問いに答えなさい。

「さあ善《ぜん》さん、練習をしようよ」

善さんはサチコに□をしてトオルを連れて空地に行った。サチコは食事の片《かた》付けをしに台所へ行った。台所の窓《まど》から吹《ふ》き込《こ》む夜風が冷たいのに気付きトオルのセーターを手に空地にむかった。近づこうとすると二人の話し声が聞こえた。

ほうっ、友達と約束をしたのかね？　うん。きっとホームランを打つって約束したんだよ。それは大変だ。約束はホームランじゃなくちゃいけないのかい？　友達の部屋まではホームランじゃないと届《とど》かないよ。でもその友達がゲームを見てくれているんだったらホームランじゃなくったって、ヒットだって喜ぶんじゃないか。う、うん。そうだね。じゃバットを握《にぎ》ってごらん。もう少し力を抜《ぬ》いて構《かま》えてごらん。そうだ。でもバットはしっかり握ってなくちゃだめだぞ。そら投げるぞ。それじゃだめだ。もっとボールをよく見て打つんだ。さあ、もう一度投げるぞ。打球音がして、善さんの、そうだ、今の打ち方だよ、と声が続いた。それから何度も打球音がした。やがて、今夜はもうこれくらいにしよう、と善さんが言った。

（伊集院静《いじゅういんしずか》「ぼくのボールが君に届けば」）

(1) □には「目で合図すること。」という意味の言葉が入ります。次から選び、記号で答えなさい。（　　）

ア 目配り　**イ** 目配せ　**ウ** 目印　**エ** 目かくし

(2) ——線「今夜はもうこれくらいにしよう」とありますが、なぜそう言ったのですか。次から選び、記号で答えなさい。（　　）

ア バッティングがよくなり、夜もおそくなったから。

イ 上達しなくて、早くやめさせたかったから。

ウ 寒くて、かぜをひきそうだったから。

エ 勉強時間がないと、サチコにおこられるから。

〔東海大付属浦安中—改〕

2 次の文章を読んで、あとの問いに答えなさい。

独《ひと》り言を言いながらかけ出し、くぼみにたまった雨水をとびこえた恵《めぐみ》の足は、一しゅん、①すくみました。

右手から十字路へと、勢《いきお》いよく走ってきた白い自動車。そして、目の先の横断《おうだん》歩道へちょこちょこと出ていく、二歳《にさい》ほどの男の子。

恵が男の子をかかえこんでとびのくのと同時に、十字路の中ほどで、自動車が、はげしいブレーキの音を立てました。

「あぶない！　小さい子とは、ちゃんと手をつないでいてくれよっ、お姉ちゃんのくせに。」

運転手が、顔をつき出してどなりました。

②□

言い返したい気もしましたが、どなられたはら立ちよりももっと熱いものがこみ上げて、③くちびるがふるえていました。

「あぶなかったのよ、ぼく。ほらね、あの信号が赤いときは、ぜったいに、わたってはいっちゃだめなのよ。」

ひと息に言ってから、恵は、少し気持ちを静めて、男の子に話しかけました。

「おうちは、どこ？」

（古世古和子《こせこかずこ》「わすれもの」）

(1) ——線①「すくみました」とは、どんな意味ですか。

（　　　　）

(2) □に入る文を次から選び、記号で答えなさい。（　　）

ア この子は手をつなぐのをいやがるのよ。
イ この子のお姉ちゃんじゃないわよ、わたし。
ウ この子、一人で歩くなんてあぶないわ。

(3) ——線②「言い返したい」とありますが、だれがだれに言い返したいのですか。

（　　　　が　　　　に。）

(4) ——線③「くちびるがふるえていました」とありますが、どんな気持ちからですか。

（　　　　）

(5) 恵はどんな女の子ですか。**ふさわしくない**ものを次から選び、記号で答えなさい。（　　）

ア 親切で、やさしい女の子。
イ むこうみずだが、勇かんな女の子。
ウ 口はたつが、気の弱い女の子。
エ 機びんで行動的な女の子。

(6) このあと恵は、どんな行動をとったと思いますか。

（　　　　）

8 会話や動作から読み取る

ハイクラス

時間 30分
合格 80点
得点 点

答え→別さつ11ページ

1 次の文章を読んで、あとの問いに答えなさい。

食べちらかした昼食のあとしまつをお母さんにまかせ、みんなは席を立った。そのとき、お母さんがみんなをよびもどして、①べつにたいしたことではないというような口調でいった。

「月曜日から一週間、お父さんとわたしはウィーンにいってくるわ。赤ちゃんが生まれる前に、息ぬきしておかなくちゃね。たまにはちがうところへいきたいの。いつもあんたたちのさわぎにつきあってるんじゃなくて。あんたたちの世話は、②おばちゃんたちにきてやってもらうよう、たのんであるわ。」

この知らせをのみこむまで、③三人には時間がかかった。

はじめに、フィリップが口をきいた。どうしてこんなときに、と聞こうと思ったのだが、それはもうお母さんが、かなりぶっきらぼうな言いかただったけれど、説明してしまっていた。それで、フィリップはこういった。

「おばちゃんたちなんかいなくたって、ぼくたちだけでやれると思うよ。」

でもお母さんは、またはじめから話をする気などなさそうだった。お母さんは、とにかくどこかへ旅行したい、④遠くへいってしまいたいのだ。だけど、お父さんとウィーンにいるあいだ、家のこともちゃんとなっていないとイヤなのだ。

「自分でも、思うっていってるじゃないの、フィリップ。自信がないんでしょ。パウルがわけがわからなくなったとき、あんたたちふたりでどうするの。」

パウルは親指を葉巻《はまき》みたいに口につっこんで、聞いていないふりをしていた。けれど、ほんとうはぜんぶわかっていたのだ。その証拠《しょうこ》に、涙《なみだ》がひと粒《つぶ》、パウルのほほをつたわって落ちた。

フィリップはあきらめて、［　　］部屋へひきあげた。テレーゼとパウルもあとにつづいた。三人を見送っていたお母さんのくちびるのはしに、⑤かすかな笑《え》みがうかんだ。

ああ、おばちゃんたちときたら！

さいごにおばちゃんたちとオランダへ旅行したのは夏休みだったから、まだ一年たっていない。ラウラおばちゃんとヴェラおばちゃんはお母さんの手だすけをするはずだったのに、汽車でつくなり、家族みんなを走りまわらせる結果となってしまった。

たしかに、ラウラおばちゃんはお料理がすごく上手だ。だけど、旅行者用のバンガローのちっぽけな台所にはなにもそろってなくて、お母さんはしょっちゅう特別の調味料やら、なんとかいう種類の小麦粉やらを買いに走らされるはめになった。
お父さんが市場で舌平目《したびらめ》を買ってきたときも、ラウラおばちゃんは、あまいホットケーキを作るところなのにといいはり、みんなで⑥おがみたおして、やっと舌平目を焼いてもらったのだ。

（ペーター＝ヘルトリング 作、佐々木田鶴子《ささきたづこ》 訳《やく》「クララを入れてみんなで六人」）

(1) ――線①とありますが、その理由を次から選び、記号で答えなさい。（15点）（　）

ア 子どもたちに留守番《るすばん》させて旅行に出かけるのは、当たり前のことだと思っていたから。

イ 旅行に出かけるのはもう決めたことなので、子どもたちに反対されたくなかったから。

ウ 旅行に出かけることについて、子どもたちによけいな心配をさせないように気をつかったから。

エ 子どもたちがしっかりしているので、旅行中何があってもだいじょうぶだと思っていたから。

(2) ――線②「おばちゃんたち」とは、だれですか。（完答15点）

（　　）

(3) ――線③「三人」とは、だれですか。（完答15点）

（　　）

(4) ――線④「遠くへいってしまいたいのだ」とありますが、その理由を文章中の言葉を使って書きなさい。（15点）

（　　）

(5) □に入る言葉を次から選び、記号で答えなさい。（10点）（　）

ア すごすごと　**イ** いらいらと

ウ たんたんと　**エ** どんどんと

(6) ――線⑤「かすかな笑みがうかんだ」とありますが、その理由を次から選び、記号で答えなさい。（15点）（　）

ア おばちゃんたちと会えるのでうれしかったから。

イ 子どもたちがすんなりと従《したが》い満足したから。

ウ 子どもたちの反こうがおかしかったから。

エ 子どもたちを安心させようとしたから。

(7) ――線⑥「おがみたおして」の意味を書きなさい。（15点）

（　　）

〔日本大豊山女子中―改〕

9 組み立てをつかむ

標準クラス

1 次の文章は、ある物語の一部分ですが、順序《じゅんじょ》が入れかわっています。注意して読み、あとの問いに答えなさい。

A ①ぼくがおろすよ、と叫《さけ》んで台所に駆《か》け込《こ》んだ。少し前にやってみたことがあるからだ。気をつけないと危《あぶ》ないよという母の声を聞き流して、大根を握《にぎ》りおろし金を摑《つか》んだ。後は力をつくして俎板《まないた》の上に大根をおろしためていくだけだ。おろし金と大根とはしかし奇妙《きみょう》になじんでしまうようでもあり、妙《みょう》に反撥《はんぱつ》するようでもある。手が滑《なめ》らかに動く時は大根はあまり変形せず、少し角度をかえて動かすと急に手が重くなるかわりに大根は減《へ》りはじめる。

B 小学校の二、三年生の頃《ころ》だった。勤《つと》め先から遅《おそ》く帰った父が一人で食事をすることになった。その夜は天麩羅《てんぷら》でもあげたのか、あるいは焼魚《やきざかな》が用意されていたのか、とにかく家族の食事が終わった後だったために大根おろしが足りなくなっていたのである。

C どてら*に着かえて食事についた父に、すぐ出来るからちょっと待って、と声をかけてぼくは懸命《けんめい》に手を動かした。それでもしばらく続けていると俎板の上に大根おろしが白くたまって来る。天井《てんじょう》から下がった暗い電燈《でんとう》の下でぼくは俎板の大根おろしを両手で寄《よ》せ集め、いつも母がするように②それを注意深く適度《てき ど》に絞《しぼ》ってから小鉢《こばち》にいれて食卓《しょくたく》に運んだ。

（黒井千次《くろいせんじ》「任意《にんい》の一点」）

*どてら＝防寒《ぼうかん》用のわたを入れた着物。

(1) A～Cの文章を、すじが通るようにならべかえなさい。

（　→　→　）

(2) ——線①とありますが、なぜそう叫んだのですか。

（　）

(3) ——線②「それ」とは、何を指しますか。

（　）

〔東京成徳大中—改〕

答え➡別さつ12ページ

2 次の文章は、ある物語の終わりの部分ですが、順序が入れかわっています。注意して読み、あとの問いに答えなさい。

A　ま法から解《と》かれたように、ぼくは公園にかけこみました。ぶらんこもすべり台も鉄ぼうもすな場も、いつもの所にありました。けれど、らくだはどこにもいませんでした。ただ、少ししめったすな場のすなの上に、らくだの頭をかざっていた花輪が落ちているばかり。
「①あいつは、さばくへ帰ったんだ……。」

ぼくは、そうつぶやきながら、しおれた花輪を拾い上げたのでした。

B　ぼくは、らくだが小さな黒い点のようになってさばくのかなたに消えるまで、ぼんやりと見送っていました。それから、②ふっとわれに返ると、さばくは消えて、見慣《な》れた公園がぼくの目の前にありました。

C　らくだは、しばらくの間気持ちよさそうに月の光を浴びていましたが、やがてすっくと立ち上がると、白く光るすなの上を一歩一歩確《たし》かめるように、□と歩きだしました。

（三田村信行《みたむらのぶゆき》「らくだはさばくへ」）

(1) A～Cの文章を要約しなさい。

A（　　　）

B（　　　）

C（　　　）

(2) すじが通るようにA～Cをならべかえなさい。

（　　→　　→　　）

(3) ――線①「あいつ」とはだれですか。

（　　　）

(4) ――線②とありますが、それまで「ぼく」はどうしていましたか。

（　　　）

(5) □に入る言葉を次から選び、記号で答えなさい。

ア　せかせか　イ　どかどか
ウ　ゆっくり　エ　ふらふら

（　　　）

(6) 初め、らくだは、どうしていましたか。

（　　　）

(7) 最後に、らくだは、どうなりましたか。

（　　　）

(8) Cの場面は、一日のうちのいつごろですか。

（　　　）

時間 30分　合格 80点　得点　　点

答え▶別さつ12ページ

1 次の文章を読んで、あとの問いに答えなさい。

右脚《みぎあし》のふくらはぎに違和感《いわかん》を覚えたのは、急な坂道を登り始めた直後のことだった。

①そのあたりが突《つ》っ張《ぱ》るような、筋肉《きんにく》が固く強張《こわば》っていくような感覚だった。草太《そうた》は驚《おどろ》いてブレーキをかけ、坂の途中《とちゅう》で地面に足をついてしまった。

「……？」

自分の脚を見やり、何度か回したり軽くたたいたりしてみる。やがてふくらはぎの違和感は消えていったが、代わりに頭の中に②不安感が根を下ろしてしまった。こんなに長い距離《きょり》を走るのは初めてなのだ。

さんざん走ったり海に入ったりして負担《ふたん》をかけたせいで、脚がどうにかなってしまったのかもしれない。こんな脚で本当に帰り着けるのか、急に心配になってきた。なにしろ風《かざ》ヶ丘《おか》までの道のりはまだ半分以上残っている。登り坂はまだ続くし、疲《つか》れも増《ま》してきている。

草太がそんなことを考えている間にも、昇平《しょうへい》はどんどん先に進んでいた。③蛇行《だこう》しながら坂道を登っていき、もう坂の頂上《ちょうじょう》にまで達しようとしている。

対向車線でハンドルを切った時、昇平がこっちを向いた。草太が止まっているのに気づき、道の真ん中でブレーキをかけている。

「ソータ、どうしたー？」

大声で尋《たず》ねてくる昇平の息も乱《みだ》れていた。こっちに向かって身を乗り出し、今にも坂を下ってきそうな格好《かっこう》になっている。④草太はあわてて首を振《ふ》った。せっかく登った昇平に、また坂を下らせては悪いと思ったのだ。昇平も疲れているのだから、自分も負けてはいられない。昇平の質問《しつもん》に答える代わりに、なんとか昇平に追いつこうと走っていった。

「ソータ、本当に大丈夫《だいじょうぶ》か？」

「ちょっと脚が疲れただけだってば。全然平気だよ」

再《ふたた》び二人で走り出してからは昇平が後ろを走った。またさっきみたいに二人の差が開いたりしないように、疲れている草太が先に行くことになったのである。つまり後ろから昇平に見守られている格好なわけで、草太としては複雑《ふくざつ》な気分だった。その方が安心なのは確《たし》かだけれど、昇平の□になっているようで悔《くや》しかったのである。その坂を越《こ》えた後は疲れなど感じさせないように頑張《がんば》った。下り坂から平地にかけてはスピ

ードを上げ、わざと重たいギアを踏《ふ》んで走っていった。

しかし草太の頑張りも長くは続かなかった。⑤やがて脚の疲《ひ》労《ろう》が限界《げんかい》に達してしまったのだ。

（竹内《たけうち》　真《まこと》「自転車少年記」）

(1) ――線①とは、何を指していますか。文章中から八字でぬき出しなさい。(15点)

(2) ――線②の説明としてまちがっているものを次から選び、記号で答えなさい。(15点)

ア　疲れから脚が動かなくなってきた。
イ　初めての距離であった。
ウ　昇平が相手をしてくれない。
エ　帰り道がまだまだある。

（　）

(3) ――線③の意味を次から選び、記号で答えなさい。(15点)

ア　左右に曲がりながら行くこと
イ　まっすぐ行くこと
ウ　ジャンプしながら行くこと
エ　おどるように行くこと

（　）

(4) ――線④はどのようなことを表していますか。次から選び、記号で答えなさい。(15点)

ア　疲れのあまり首が痛《いた》くなった。
イ　昇平に来なくていいと伝えたかった。
ウ　昇平に助けてほしいと思った。
エ　もう限界であることを言いたかった。

（　）

(5) □に入る言葉を次から選び、記号で答えなさい。(10点)

ア　お荷物　　イ　お節介《せっかい》
ウ　お先棒《さきぼう》　　エ　お膳《ぜん》立て

（　）

(6) ――線⑤が具体的な行動として表れている一文をさがし、初めの三字をぬき出しなさい。(15点)

(7) この文章では次の一文がぬけています。この文が入る直前の五字を、文章中からぬき出しなさい。(15点)

・さっきから、少し頭まで痛くなってきていた。

〔江戸川学園取手中―改〕

10 クライマックスをおさえる

標準クラス

1 次の文章を読んで、あとの問いに答えなさい。

太郎《たろう》は、馬の首に手をやった。すると、確《たし》かに、①手ざわりがあるのだ。生温かい、本物の馬の手ざわりがあり、細かな毛が、びっしりと生えているのがわかったのだ。それどころか、そのとき、馬の鼻息が、太郎の耳の後ろをくすぐったのだった。馬の足もとの草がゆれてにおい、馬が動いた――いや、生きているのだった。

太郎は、②あの、毎夜見つづけた夢《ゆめ》の中でのように、思いきり地をけって、馬の背《せ》に乗った。手首にたてがみをまきつける。そして、軽く腹《はら》をけってやると、馬はそのまままっすぐに、びょうぶの中の野に向かってかけだし、やがて、栗色《くりいろ》の風になって走りはじめた。

風のにおいも、草のかがやきも、馬のすばらしさも、何もかも、③太郎が夢見たものと同じだった。うれしさに、大声をあげる太郎を乗せて、馬はそのままますいこまれるように、④野の果てに消えていった……。

（今江祥智《いまえよしとも》「野の馬」）

---

(1) ――線①「手ざわり」とはどんな手ざわりでしたか。文章中から十五字以内の言葉をぬき出しなさい。

(2) ――線②「あの、毎夜見つづけた夢」、③「太郎が夢見たもの」とありますが、太郎はどんな夢を見ていたのですか。

（　　　　　）

(3) 馬がいきおいよく走りはじめた様子を、どのように表現《ひょうげん》していますか。文章中から八字の言葉でぬき出しなさい。

(4) ――線④「野の果てに消えていった……。」とありますが、太郎を乗せた馬は、どこに消えたのですか。

（　　　　　）

答え◎別さつ13ページ

2 次の文章を読んで、あとの問いに答えなさい。

この港町の少年なら、だれだって心の底では遠泳を泳ぎきって、勇者になりたいと思っているはずだ。ただ気象《きしょう》や潮流《ちょうりゅう》のぐあいによっては、二時間近くも泳ぎ続けなければならないかもしれないという恐怖《きょうふ》に、多くの少年はしりごみして、あきらめているにすぎなかった。港町の子どもたちといっても、昔のように泳ぎの達者なものは少なくなっているとヤッチンのじいちゃんもいっていた。漁師《りょうし》の子でさえ、このごろは学校のプールで泳ぐために、海での泳ぎ方を知らないとも。

知らなくってもいいじゃないかと思う。プールで泳げばそれでいいし、塩水とちがって、あとがべとべとしないし、おぼれる心配だってほとんどない。だけど、太《ふとし》は遠泳参加を申し込《こ》んだ。そして、こうして砂浜《すなはま》に向かっていた。自分のやってることがよくわからなかった。米田《よねだ》老人になぜときかれて、はっきりこたえられるものがない。しみったれがいやだったからなんて、遠泳の理由になるんだろうか。

「わしの遠泳のときと、今日のおまえとは、まるっきりちがう。」

「そりゃそうだよ。おれなんか、遠泳なんて出られる泳ぎじゃないもの。」

「深い真っ暗な海の底は、わしだってこわかったさ。」

「でも自信はあったんでしょ。」

「あるものか、そんなもの。意地だ。世間のやつらになめられないようにって、そういうつまらない意地だけで泳いだ。だれにもたよらず、つっぱって泳いだ。わしの家は、浜に打ちあげられた昆布《こんぶ》やらをひろって暮《く》らしている貧乏《びんぼう》な家じゃった。教科書も買えんじゃった。ばかにするやつはおれが相手になってやると、けんかごしで泳いだ。おまえとおんなじで、父親がはよう死んでしもうてた。そのころ母親に再婚《さいこん》の話なんかもあったりしてな。よけいに□しておった。」

（横山充男《よこやまみつお》「少年の海」一部省略《しょうりゃく》があります。）

(1) ――線「まるっきりちがう」の内容《ないよう》の説明として適当《てきとう》なものを次から選び、記号で答えなさい。（　　）

ア 米田老人は世間に対して負けてたまるかという思いなのに対し、太は自分でも理由がはっきりわからない点。

イ 米田老人は自分をばかにする人たちを見返そうという思いだが、太はこわいながらも勇気を出そうという点。

ウ 米田老人はやけになったのに対し、太はみんなにみとめてもらいたいと思う点。

(2) □に入る言葉を選び、記号で答えなさい。（　　）

ア いらいら　**イ** おろおろ

ウ がつがつ　**エ** そわそわ

〔桐光学園中―改〕

10 クライマックスをおさえる

ハイクラス

時間 30分
合格 80点
得点 点

答え▼別さつ13ページ

1 次の文章を読んで、あとの問いに答えなさい。

①他《ほか》にもめずらしい生き物がいた。

たとえば近所の八幡《はちまん》神社の境内《けいだい》にはもじゃもじゃした髪《かみ》の毛玉のようなものがいた。それは境内の縁《えん》の下のあたりにいて、人の足音を聞くと大あわてで不器用に逃《に》げ回った。目の錯覚《さっかく》かとも思う。明るいところから神社の葉陰《はかげ》に入ると目の前がちらちらする。そのちらちらのなかでもじゃもじゃが視《し》界《かい》をかすめ消える。

古い木には、光るイトミミズのような生き物がくっついていた。細くてにょろにょろしていて、そして薄黄色《うすきいろ》に光っている。とてもか弱い光だ。光るイトミミズがたくさんへばりついている木にさわるとなんだかビリビリした。

アメーバのような苔《こけ》があった。苔に似《に》ているけれど、でもよく見ると生き物なのだ。踏《ふ》むとかすかに吐息《といき》を漏《も》らす。むぎゅっ「ふう」、むぎゅっ「ひい」、むぎゅっ「はあ」。なにかにたえているみたいで、おかしいんだ。だからわざと踏んでやった。むぎゅ、むぎゅ、むぎゅ。そいつらはなにもしない。ただじっとたえている。「ふう」「ひい」「はあ……」

②頭のよい鳥もいた。頭のよい鳥も頭の悪い鳥も、どちらも外見はいっしょなのだけれど、頭のよい鳥は人間の言葉がわかる。ときどき人間の言葉をしゃべったりもする。ほんとうにしゃべるのではなくて、テレパシーみたいに思いを伝えてくる。鳥が言うことはいつも他愛《たわい》のないことだった。食べ物とか、天気のこと。あとは誰《だれ》かのうわさ話。人間のおしゃべりと似たようなものだ。鳥が人間の言葉をしゃべるわけじゃないんだ。鳥は人間の言葉なんかしゃべらない。それくらい子どもでもわかる。だけど、しゃべるっていうやり方ではなく、③まったく別の方法を使って、同じことをしているわけ。

雲を眺《なが》めているのが好きだった。

何時間でも、雲が流れていくのを見つめていた。ずっとずっと、砂浜《すなはま》に寝転《ねころ》がって雲を見て過《す》ごした。雲はそれ自体が大きな島で、いろんな生き物が棲息《せいそく》していた。その生き物たちの息吹《いぶき》が感じられた。雲のなかにもやもやとした命の体温を感じた。

青い空を、白い雲が流れていく。

あまりに空が青くて、見つめていると④自分が飛び散ってしまう。青は怖《こわ》い色だった。消えてしまう色。私《わたし》が私でなくなる色。そんな青空の下で、白い雲を眺めていることが幸せだった。なぜ幸せだったのか、いまはよくわからない。とても美しい音楽を聞いているように幸せだった。なにかを感じて、その振動《しんどう》に心がぷるぷる震《ふる》えて、幸せだった。

でも、⑤あのころに見えたものはもう見えない。なにしろ私は中学三年生、一ケ《か》月前に十五歳《さい》になってしまった。

「まゆはよく、魂《たましい》をどっかに落としてきてたよねえ」

そう言って、おばあちゃんに笑われる。

友達からは、

「まゆって、不思議ちゃんだよね」⑥
って言われる。なんだよ、それ。ほめてるのかけなしてるのかわからないけど、みんなそう言う。


（田口《たぐち》ランディ「ひかりのメリーゴーラウンド」）

(1) ――線①「めずらしい生き物」とありますが、次に説明されているのは、どんな生き物ですか。文章中からぬき出しなさい。（30点／一つ15点）

①細くてにょろにょろしていて、薄黄色に光っているもの。

（　　　　）

②よく見ると生き物で、踏むとかすかに吐息を漏らすもの。

（　　　　）

(2) ――線②「頭のよい鳥」とありますが、「私」がこう言っている理由を、文章中から十字以内でぬき出しなさい。（10点）

□□□□□□□□□□から。

(3) ――線③「まったく別の方法」とは、どうすることですか。文章中の言葉を使って書きなさい。（15点）

（　　　　）

(4) ――線④「自分が飛び散ってしまう」を別の言葉で言いかえた部分を、文章中から八字でぬき出しなさい。（15点）

□□□□□□□□

(5) ――線⑤「あのころに見えたものはもう見えない」とありますが、見えなくなった理由を「中学三年生」という言葉を使って、二十字以内で書きなさい。（15点）

□□□□□□□□□□□□□□□□□□□□

(6) ――線⑥「まゆって、不思議ちゃんだよね」とありますが、おばあちゃんからはどのように言われますか。文章中からぬき出しなさい。（15点）

（　　　　）と言われる。

〔明治大付属中野八王子中―改〕

11 主題をつかむ

標準クラス

1 次の文章を読んで、あとの問いに答えなさい。

「こういう面白《おもしろ》いことなら、いつでも手伝うぜ」

「でもさ、生徒会だけが①シャカリキになんないでさ、ポスターなんて、これからもみんなに頼《たの》んだらどうスか？」

「美術《びじゅつ》部の連中にも協力してもらってさ」

「フツー人《じん》だってうまいのいるぜ」

「いるいる」

「ポスター展《てん》やっちゃったら？」

「ひとり一枚《いちまい》で七百枚。うん、けっこう力になるかもな」

がらんとしてしまった夕暮《ぐ》れの生徒会室には、まだみんなの熱気がのこっていた。②あふれたたくさんのことばをひろいあつめるように、耀《かい》と結城《ゆうき》あかねと樋口隼人《ひぐちはやと》は、＊黙々《もくもく》とあとかたづけをしていた。

樋口は塾《じゅく》にいく時間がすぎていた。同じ塾の野波《のなみ》は帰ってしまったのに、まだ残っていた。③耀もあかねもそのことは知っていたが、口にだす気にはなれなかった。

「みんなの力って、やっぱり、すごい」

窓《まど》をしめおえて、結城あかねがぽつんといった。


（後藤竜二《ごとうりゅうじ》「14歳《さい》——Fight《ファイト》」）

＊黙々と＝黙《だま》って物事をいっしょけんめいにやる様子。

(1) ——線①「シャカリキになんないで」の意味を次から選び、記号で答えなさい。（　　）

ア いい子にならないで。
イ 悪者にならないで。
ウ 必死にならないで。
エ かっこつけないで。

(2) ——線②のような表現《ひょうげん》技法《ぎほう》を何といいますか。次から選び、記号で答えなさい。（　　）

ア くり返し　イ 体言止め
ウ 倒置《とうち》法　エ 比《ひ》ゆ

(3) ——線③の理由を次のようにまとめました。□に入る言葉を、文章中から二字でぬき出しなさい。

みんなで力を合わせてポスターを作りあげた□が、冷めてしまうように思われたから。

〔城西川越中—改〕

答え 別さつ13ページ

2 次の文章を読んで、あとの問いに答えなさい。

それから数週間たって、ストックホルムに帰るとき、再《ふたた》びラルスの駅舎《えきしゃ》に着きました。父親が、次の駅舎までついていこうとしましたが、わたしは、特にたのんで、ラルスに行ってもらうことにしました。三時間ばかり楽しく話しながら走った後、二人は、いく度も「さよなら」をして別れたのです。

Ⓐラルスはたった十二の子どもであり、わたしはいうまでもなく大人です。

Ⓑ［A］わたしは、ほとんど世界じゅうをめぐってきている人間、ラルスは、駅舎の間を往復《おうふく》している少年なのです。

Ⓒ［B］わたしは、多くのことをラルスから学びました。

Ⓓラルスともっといっしょに過《す》ごしたら、まだまだ大きな感動を受けたにちがいありません。

（鈴木三重吉《すずきみえきち》「少年駅伝夫」）

(1) ——線とありますが、

① 「二人」とは、だれとだれですか。

（　　　　）

② 「二人」はなぜいく度も「さよなら」をしたのですか。

（　　　　）

(2) ラルスはどんな人ですか。文章中から二つぬき出しなさい。

（　　　　）

（　　　　）

(3) ［A］・［B］に入る言葉を次から選び、記号で答えなさい。

A（　）　B（　）

ア だから　　イ しかも

ウ けれども　　エ そこで

(4) Ⓐ〜Ⓓの文を二つに分けるとすれば、どこで区切ればよいですか。次から選び、記号で答えなさい。（　）

ア ⒶとⒷの間　　イ ⒷとⒸの間

ウ ⒸとⒹの間

(5) Ⓐ〜Ⓓの文で、作者の気持ちが表れている文はどれですか。記号で答えなさい。（　）

(6) この文章の主題を書きなさい。

（　　　　）

時間 30分　合格 80点　得点 点

答え▼別さつ14ページ

1 次の文章を読んで、あとの問いに答えなさい。

東京から転校してきたので、家族は東京にいるのかもしれない、と新子《しんこ》は想像《そうぞう》した。

「……でも、*メイドが来る」

ふうん。メイドという名前の人が来るのだろう。二階の貴《き》伊子《いこ》の部屋に入ってみると、ベッドがあった。新子がベッドを見るのは病院だけで、子供《こども》がベッドに寝《ね》るなんて信じられない。新子の家では毎晩押入《まいばんおしい》れから布団《ふとん》を出して、朝は畳《たた》んでしまう。ベッドの横に机《つくえ》があって『小公子』や『ハイジ』の本がある。新子は読んだことがない。新子の家にあるのは「冒険王《ぼうけんおう》」とか『鞍馬天狗《くらまてんぐ》』とかだ。

「……牛乳《ぎゅうにゅう》のもうか」

二人は階段《かいだん》を下りて台所に行った。①白い電気冷蔵庫《れいぞうこ》の厚《あつ》い扉《とびら》を開くと、中がぱっと明るいのに新子はまたもや驚《おどろ》いた。

*新子の家の冷蔵庫は上の棚《たな》に毎日氷屋が氷を運んできて入れてくれる。中は狭《せま》くて暗い。電気冷蔵庫は、中が小さな部屋のようになっているのだ。

貴伊子がガラスコップを取り出しているあいだに、隣《となり》の部屋を覗《のぞ》くと、ソファーがあってお酒のビンが並《なら》んだガラス棚もある。

その上に黒い木で囲まれた女の人の写真が置かれていた。新子の家の仏壇《ぶつだん》の壁《かべ》に並んでいる写真と同じ大きさだ。女の人はひづる先生のように美人だ。首に真珠《しんじゅ》のネックレスをしている。

でもきっと②この人は死んでしまったんだわ。

写真の前に、ダリアの黄色い花の花びんと、何色ものガラスが渦《うず》を巻《ま》いている小ビンが置かれていた。小ビンの方をそっと手に持つと、あの匂《にお》いだ。貴伊子がつけていた香水《こうすい》の匂いだ。

③どきどきし、新子は大慌《おおあわ》てで元の場所に戻《もど》した。そして、牛乳を持って入ってきた貴伊子に聞いた。

「お父さん、偉《えら》い人なの？」

「うん、お医者さん。会社の中のお医者さん」

本当はそんなこと、どっちでもよかったのだ。聞きたかったのは、あの写真はお母さんなのかってこと。あの香水は、お母さんの香水なのかってこと。それからそれから、どうして貴伊子がその香水をつけたのかってこと。

でも、本当に聞きたいことは、なかなか［A］にできないこともあるのだ。

新子は女の人の写真から［B］をそらせて、牛乳をのんだ。いつも飲む牛乳とは違《ちが》う味がした。

（高樹《たかぎ》のぶ子「マイマイ新子*」一部省略《しょうりゃく》があります。）

＊メイド＝お手伝いさん。
＊新子の家の冷蔵庫＝電気冷蔵庫が普及《ふきゅう》する以前の冷蔵庫は、氷で冷やしていた。
＊マイマイ＝つむじ。新子には、頭のてっぺんのつむじのほかに、もう一つ額《ひたい》の真上につむじがあり、腹《はら》が立ったときなどにムズムズする。

(1) ――線①「白い電気冷蔵庫の厚い扉を開くと、中がぱっと明るいのに新子はまたもや驚いた」とありますが、冷蔵庫と同じように、新子は貴伊子の家のどんなことに最も驚きましたか。次から選び、記号で答えなさい。(15点)

ア 貴伊子の家にメイドが来ること。
イ 貴伊子の家が大きくてりっぱなこと。
ウ 貴伊子の家族が東京で暮《く》らしていること。
エ 貴伊子の部屋にベッドがあったこと。

（　　）

(2) ――線②「この人」とは、だれですか。次の文の□に入る言葉を文章中から、Ⅰは三字、Ⅱは二字、Ⅲは三字でぬき出しなさい。(30点／一つ10点)

[Ⅰ]で囲まれた[Ⅱ]の中の、きれいな[Ⅲ]。

Ⅰ □□□　Ⅱ □□　Ⅲ □□□

(3) ――線③「どきどきし、新子は大慌てで元の場所に戻した」とありますが、

①何を「元の場所に戻した」のですか。文章中から十八字でぬき出しなさい。(15点)

□□□□□□□□□□□□□□□□□□

②なぜ「どきどき」したのですか。次から選び、記号で答えなさい。(20点)

ア 貴伊子がいない間に隣の部屋を覗いただけでなく、いろいろなものにさわったりしているのは、みっともないことだと気がついたから。
イ 貴伊子の家の大きさ、部屋の中のめずらしい家具や道具類などから、貴伊子の父親はよほど偉い人にちがいないと気がついたから。
ウ 貴伊子の母親がなくなっている証《しょう》こを見つけようと、あれこれ部屋をさがしていたとき、貴伊子が戻ってきたことに気がついたから。
エ 貴伊子がつけていた香水のひみつに、黒わくの写真と小ビンの匂いで気がついたから。

（　　）

(4) [A]・[B]には、体の一部分を表す言葉が入ります。[A]・[B]とも漢字一字で書きなさい。(20点／一つ10点)

A □　B □

〔目黒学院中―改〕

チャレンジテスト③

答え→別さつ14ページ

時間	30分
合格	80点
得点	点

1 次の文章を読んで、あとの問いに答えなさい。

ぼくはパパの机《つくえ》の引き出しにあった、ぼくのおじいちゃんがほり出した恐竜《きょうりゅう》の化石に心がひかれ、パパにだまって自分のものにしてしまう。パパはおじいちゃんをにくんでいたし、恐竜の化石さがしに夢中《むちゅう》になっていたおじいちゃんをばかにしていた。そして、ぼくに対してもいつもよそよそしかった。ぼくはなんとかパパにふり返ってほしかった。ママの話だと、おじいちゃんがパパを愛していることを知らないし、人をどう愛してよいのかわからないのだという。そこでぼくは、おじいちゃんが恐竜の化石をさがし続けた崖《がけ》にパパをさそった。パパはしぶしぶ重いこしをあげた。

「昔、この崖の下で、そうだな、ちょうど、あの木の下のあたりだ。あの木もずいぶん大きくなったような気がするんだが……。あの木の下で、こうやって谷川の水を飲みながら、aおふくろのつくった握《にぎ》り飯を食ったことがあるよ。もちろん、bおまえのじいさまもいて……ささやかな家族の団《だん》らんってとこかな。今まで忘《わす》れてたけど、今、こうしておまえと飯食ってたら思い出した」

パパは、カレーの入ったアルミ皿を地面に置くと、缶《かん》ビールをひと口、ぐびりと飲んだ。パパの目は、谷をおおった闇《やみ》の、そのまた奥《おく》を見つめる目だった。

①「どうかした？」

「いいや。なに、あの時、cおまえのじいさま、何を考えてたんだろうってね。□思ったのさ。子どものころって、不思議なもので、あのころ遊んだ川なんかに大人になって行ってみると、川幅《かわはば》もうんと狭《せま》くて、子どものおれが、懸命《けんめい》に泳いだことがうそみたいなんだ。とびこめば、すぐにむこう岸。すべては、過去《かこ》、だな」

②そんなものかもしれないな。じいさまとおれの関係も。

ぼくたちは、黙《だま》ったまま、小さくなった火を見ていた。ここに来たことで、パパのなかの、何かとてもかたいものが溶《と》けていく——ぼくとパパは、闇のなかのおじいちゃんとおばあちゃんの手に抱《だ》かれている。ぼくは立ち上がると、無数の星におおわれた谷の上の夜空を見上げた。

「パパ、ほたるだ。ほら、あのしげみのところ、ふたつ光ってる」

「……やみもなほ、ほたるの多くとびちがひたる。また、ただひとつふたつなど、ほのかにうちひかりて行くもをかし」

「なに、その、をかしって？」

「平安《へいあん》時代に清少納言《せいしょうなごん》が書いた『枕草子《まくらのそうし》』にあるんだ。夏は夜、ってね」

「あのほたる、おじいちゃんとおばあちゃんかもしれないよ。ぼくたちを見てるんだ」

「ああ」

「おじいちゃんは……パパをとっても愛してたんだ、ね、わかるでしょ」

「ああ」

「とっても自分勝手《かって》だったかもしれないけど」

「ああ。もういいから寝《ね》ろ」

「ね、パパ、聞こえるよ。ほらあの音。崖の奥から……聞こえる」

「ああ」

「恐竜が歩いてる。おじいちゃんの恐竜だ……」

「ああ、そうだ、おまえの言うとおり、あれは、確《たし》かに、おやじの恐竜だ」d

（中澤晶子《なかざわしょうこ》「眠《ねむ》らぬ森の子どもたち」）

(1) ——線①「どうかした？」とありますが、「ぼく」はパパのどんな様子に疑《ぎ》問をもったのですか。その様子を表す一文を文章中からさがし、初めの五字をぬき出しなさい。(20点)

(2) □に入る言葉を次から選び、記号で答えなさい。(20点)（　）

ア ざっと　イ ずっと
ウ ふっと　エ ぼやっと

(3) ——線②「そんなものかも……関係も」とありますが、二人がどんな関係だったことに気づいたのですか。次から選び、記号で答えなさい。(20点)（　）

ア 一生懸命に泳いでも、なかなか泳ぎ着かなかった遠い向こう岸のような関係。
イ 遠くてよそよそしい関係だと思っていたが、実は近いきょりにあった関係。
ウ おたがいに相手のことを気にしながら、自分のほうからは近づけないでいる関係。
エ 過去にうまくいかなかった二人の状態《じょうたい》が、そのまま続いている関係。

(4) 「ぼく」のパパは母親のことを～～線a「おふくろ」と言っています。父親については、～～線b～dのように変化しています。このようなパパの心の変化を表している一文を文章中からさがし、初めの五字をぬき出しなさい。(20点)

(5) 文章中の□で囲んだ部分で、「ぼく」がパパに最も伝えたかったことはどんなことですか。文章中の言葉を使って、「こと。」に続くように二十字以内で書きなさい。(20点)

こと。

〔和洋国府台女子中―改〕

チャレンジテスト④

時間 30分
合格 80点
得点　　点

答え 別さつ14ページ

1 次の文章を読んで、あとの問いに答えなさい。

①風がしょっぱい。海岸線の明かりが静かに遠ざかっていく。さっきまで、かすかに見えていた岸の人影《ひとかげ》がすっかり見えなくなった。フェリーに乗ったぼくを見送ってくれた、優斗《ゆうと》の姿《すがた》も、もう見えない。

引《ひ》っ越《こ》し先まで、船で一泊《いっぱく》二日の旅。フェリーに乗ったことのないぼくのためにと、父さんが選んだ海の旅だ。

デッキの手すりをぎゅっとにぎりしめる。②力いっぱいふったうでが、少ししびれていた。足元でからからと音が鳴っている。③ハムスターのポポだ。さっきから、ケージの中で回転車をまわし続けている。きっとこいつも落ちつかないんだな。優斗とはなればなれになって。その上、船なんかに乗せられて。

ポポは優斗の家のハムスターだったけど、ぼくがさみしくないようにって、別れのときにくれたのだ。

「光太《こうた》、おなかすいてない？」

いつまでも手すりからはなれようとしないぼくに、母さんが明るい声できいた。手に持っていたレジ袋《ぶくろ》を持ちあげてみせる。中にはコンビニのお弁当が入っている。

おなかなんてすいてない。

ぼくはケージをかかえあげて首をふった。

父さんが、ぼくの肩《かた》に手をまわす。

「どうだ、海はいいもんだろ？」

声のトーンが高いのは、ぼくの気分をもりあげようとしているのだろう。

「暗くて見えない」

でも、ぼくはぶっきらぼうにかえした。とても海を楽しむような気分じゃなかった。

「今回はとつぜんで悪かったな」

さすがに声をおとした父さんに、ぼくは軽くうなずいた。転校にはなれている。五年生のぼくにとって、四回目の引っ越しだ。

④でも。

だまっているぼくのかわりに、母さんが言った。

「前の小学校では、気の合うお友達がいっぱいできたからね。それに、学期の途中《とちゅう》だったし」

父さんから転勤《てんきん》の話をきいたのは、二学期がはじまってすぐだった。ちょうど運動会の練習がスタートして、ぼくは優斗とふたりで二人三脚《ににんさんきゃく》に出ることが決まったところだった。

ふくれっつらでうなずくぼくに、母さんが明るい声で続けた。

「新しい小学校でも、すぐに友達はできるわよ」

簡単《かんたん》に言うなよ。⑤ぼくは奥歯《おくば》をかみしめた。そりゃ友達はできるだろう。これまでだってそうだった。でも、新しい街には優斗はいない。⑥どんなに似《に》ていても、ぜったいに別人なんだ。

（まはら三桃《みと》「なみだの穴《あな》」）

(1) ――線①「風がしょっぱい」とありますが、この表現《ひょうげん》からどのような様子がわかりますか。（10点）

（　　　　）

(2) ――線②「力いっぱいふったうでが、少ししびれていた」とありますが、光太は、何のためにうでを力いっぱいふったのですか。（10点）

（　　　　）

(3) ――線③「ハムスターのポポ」が光太といっしょにフェリーに乗っているのはどうしてですか。（20点）

（　　　　）

(4) ――線④「でも。」とありますが、この言葉のあとに光太はどんなことを続けて言おうとしたのですか。二つ書きなさい。（完答20点）

（　　　　）

（　　　　）

(5) ――線⑤「ぼくは奥歯をかみしめた」とありますが、このとき、光太はどんな様子だったのですか。次から選び、記号で答えなさい。（20点）

ア　おこりたい気持ちをがまんしている。
イ　笑いたくなる気持ちをこらえている。
ウ　転校先の町に着くことを楽しみにしている。
エ　母さんに言われた言葉の意味を考えている。

（　　）

(6) ――線⑥「どんなに似ていても、ぜったいに別人なんだ」とありますが、このとき、光太はどんな気持ちだったのですか。次から選び、記号で答えなさい。（20点）

ア　新しい小学校で優斗に似た友達ができても、優斗ほどは仲良くしたくないと思っている。
イ　新しい学校での生活は不安だが、優斗のことを思い出してがんばっていこうと考えている。
ウ　かけがえのない友達である優斗とはなればなれになることに対し、改めてさびしく感じている。
エ　優斗のことは早くわすれて、転校先の学校で新しい友達を作りたいと思っている。

（　　）

12 情景《じょうけい》を想像《そうぞう》する

標準クラス

答え▶別さつ15ページ

1 次の詩を読んで、あとの問いに答えなさい。

[A]から　　小野《おの》十三郎《とおざぶろう》

山にのぼると
海は天まであがってくる。
①なだれおちるような若葉《わかば》みどりのなか。
下の方で　しずかに
かっこうがないている。
風に吹《ふ》かれて高いところにたつと
だれでもしぜんに世界のひろさを考える。
ぼくは手を口にあてて
なにか下の方に向かって②叫《さけ》びたくなる。
[B]の山は
[C]明るくまぶしい。
きみは山頂《さんちょう》よりも上に
青い大きな弧《こ》をえがく
水平線を見たことがあるか。

---

(1) ――線①で表している情景を、次のようにまとめました。[　]に入る言葉を、Ⅰは一字、Ⅱは二字で書きなさい。

山の[Ⅰ]なしゃ面に、[Ⅱ]がすべり落ちそうな様子でしげっている情景。

Ⅰ[　　]　Ⅱ[　　]

(2) ――線②「叫びたくなる」のは、どのような気持ちからですか。次から選び、記号で答えなさい。（　　）

ア 高いところに立つおそろしさ。
イ やっと山頂に立ったうれしさ。
ウ 自然の雄大《ゆうだい》さに対する感服・感動。
エ ひとりぼっちのさびしさ。

(3) [A]には、作者が今立っている場所を表す言葉が入ります。詩の中からぬき出しなさい。

（　　　　）

(4) [B]・[C]に入る言葉を次から選び、記号で答えなさい。

B｛**ア** 三月　**イ** 五月　**ウ** 八月　**エ** 九月

C｛**ア** てかてかと　**イ** ぎらぎらと　**ウ** さやさやと　**エ** からからと

B（　　）C（　　）

(5) この詩の感動の中心は、何にありますか。次から選び、記号で答えなさい。（　　）

ア 山におおいしげる若葉のみどりの美しさ。
イ 鳥が鳴くのが聞こえるほどの山中の静けさ。
ウ 山頂のまぶしいほどの明るさ。
エ 水平線が山頂より上に見えること。

2 次の詩を読んで、あとの問いに答えなさい。

星とたんぽぽ　　金子《かねこ》みすゞ《ず》

青いお空のそこふかく、
海の小石のそのように、
[A]がくるまでしずんでる、
昼のお星はめにみえぬ。
　見えぬけれどもあるんだよ、
　見えぬものでもあるんだよ。

ちって*すがれたたんぽぽの、
*かわらのすきに、だァまって、
春のくるまでかくれてる、
つよいその[B]はめにみえぬ。
　見えぬけれどもあるんだよ、
　見えぬものでもあるんだよ。

＊すがれた＝草木の葉先などが、冬に近づいてかれ始めた。
＊かわらのすき＝屋根のかわらのすきま。

(1) [A]・[B]に入る言葉を次から選び、記号で答えなさい。
A　**ア** 春　**イ** 夏　**ウ** 朝　**エ** 夜　（　　）
B　**ア** 葉　**イ** 根　**ウ** 花　**エ** 幹《みき》　（　　）

(2) この詩で使われている表現上のくふうを次から選び、記号で答えなさい。（　　）
ア 七音五音をくり返すことで、詩のリズムをつくっている。
イ 同じ言葉をくり返すことで、明るい感じを出している。
ウ 言葉の順序《じゅんじょ》を逆《ぎゃく》にすることで、世界を広げている。
エ 物を表す言葉で終わり、リズムにくふうがされている。

(3) この詩で、作者はどんなものに気づくことが大切だと思っていると考えられますか。次から選び、記号で答えなさい。（　　）
ア よく見れば見えるのに、何気なく通り過《す》ぎてしまうもの。
イ よく見ないと見えないくらい、小さなもの。
ウ 見えないけれど、おそらく存在《そんざい》していると思われるもの。
エ 見えないけれど、確《たし》かに存在しているもの。

〔京都教育大附中―改〕

ハイクラス

時間 30分　合格 80点　得点　　点

答え 別さつ15ページ

1 次の詩を読んで、あとの問いに答えなさい。（50点／一つ10点・(3)完答）

［※］

村野《むらの》四郎《しろう》

鹿《しか》は　①森のはずれの
夕日の中に　じっと立っていた
彼《かれ》は知っていた
小さな額《ひたい》が狙《ねら》われているのを
けれども　彼に
どうすることが出来ただろう
彼は　すんなり立って
村の方を見ていた
②生きる時間が黄金のように光る
彼の棲家《すみか》である
大きい森の夜を背景《はいけい》にして

(1) この詩は一日の中のいつごろがえがかれていますか。漢字二字で書きなさい。
［　　］

(2) ——線①「森」と対照的な言葉を、詩の中からぬき出しなさい。
（　　）

(3) 鹿にとってどのような瞬間《しゅんかん》をえがいているかを、次のようにまとめました。［　］に入る言葉を、Ⅰ・Ⅱとも漢字一字で書きなさい。
［Ⅰ］と［Ⅱ］が入れかわる瞬間。
Ⅰ［　］　Ⅱ［　］

(4) ——線②「生きる時間が黄金のように光る」の説明として適当《てきとう》なものを次から選び、記号で答えなさい。
（　　）
ア 何事にも動じず、信念をもって生きてきた鹿の美しさが森のやみを背景にきわだっていること。
イ 運命に身をまかせ、人間をうらむことをしない、純《じゅん》粋《すい》な鹿の気高いたましいのこと。
ウ 死に直面しても、おそれず、堂々と最後まで生きぬこうとする鹿の強い意志《いし》のこと。
エ わずかに残された時間の中で、鹿の命がひときわかがやきを増《ま》していること。

(5) ［※］には、この詩の主題を表す題名が入ります。詩の中からぬき出しなさい。
（　　）

〔京都女子中—改〕

2 次の詩を読んで、あとの問いに答えなさい。（50点／一つ10点・(4)完答）

忘《わす》れもの

高田敏子《たかだとしこ》

入道雲にのって
夏休みはいってしまった
「サヨナラ」のかわりに
素晴《すば》らしい夕立をふりまいて

けさ　空はまっさお
木々の葉の一枚一枚《いちまいいちまい》が
あたらしい光とあいさつをかわしている

①だがキミ！　夏休みよ
もう一度　もどってこないかな
②忘れものをとりにさ

迷《まよ》い子のセミ
さびしそうな麦わら帽子《ぼうし》
それから　ぼくの耳に
くっついて離《はな》れない波の音

---

(1) この詩は何連（まとまり）から成っていますか。漢数字で書きなさい。
（　　）連

(2) この詩でえがかれているのは、どのような季節ですか。
（　　　　）

(3) ——線①「キミ！」とありますが、だれ（何）によびかけていますか。
（　　　　）

(4) ——線②「忘れもの」の例としてあげられている三つのものを、詩の中から書きぬきなさい。
（　　　　）
（　　　　）
（　　　　）

(5) この詩でえがかれているのは、どのような気持ちですか。三十字以内で書きなさい。

13 表現《ひょうげん》の工夫《くふう》を読み取る

標準クラス

答え→別さつ16ページ

1 次の詩を読んで、あとの問いに答えなさい。

かきの実

与田準一《よだじゅんいち》

つゆが　しもに変わり、
しもは朝ごとに白くなる。｝A

村のかきの実は、赤くうれ、
赤く、赤くうれ、
低いえだから、だんだん、減《へ》っていく。

空は一日、青くすみ、
からすの群《む》れが
ゴマをまいたように飛ぶ。
□、

そんな日が続き、
同じような日が続き、
こずえに残されたかきの実、一つ。

実は赤く光り、
赤く、赤く光り、
冬がきた信号灯のように、
村でいちばん早く朝日をあびる。

(1) Aの二行が表すことを次のようにまとめました。□に入る言葉を、Ⅰ・Ⅱとも漢字一字で書きなさい。

季節が［Ⅰ］から［Ⅱ］へと変わっていくこと。

Ⅰ［　］　Ⅱ［　］

(2) この詩に使われている表現技法《ひょうげんぎほう》を次から二つ選び、記号で答えなさい。（　）（　）

ア 倒置法《とうちほう》　イ 反復法《はんぷくほう》　ウ 直ゆ　エ 擬人法《ぎじんほう》

(3) □に入る言葉を、詩のほかの部分を参考にして書きなさい。

（　　　　）

2 次の詩を読んで、あとの問いに答えなさい。

夕だち　村野《むらの》四郎《しろう》

ヨシキリが
おおさわぎして　にげまわる
[A]　かけてくる村の人
[B]　かけていく町の人
みんな　ひさしへ　とびこんだ
夕だちだ　夕だちだ
空のおさらを　ひっくりかえしたようだ

①雨はどうどう
ぼくの頭から　せなかのほうへ
滝《たき》のように流れおちた
[C]　ぼくはおどろかない　へいきだ

ぼくは水泳の帰りみち
帽子《ぼうし》もかぶらず　まるはだかだ
あわてる人々をながめながら
②ゆうゆうと　道を歩いてきた
そしてときどき　天のほうをむいて
③夕だちを飲んでやった

(1) [A]～[C]に入る言葉を次から選び、記号で答えなさい。
A（　　）B（　　）C（　　）
ア だから　**イ** けれども　**ウ** もちろん
エ こちらから　**オ** むこうから　**カ** どこから

(2) ――線①「雨はどうどう」とふっている様子を比ゆ《ひ》を使って表している一行をぬき出しなさい。
（　　　　）

(3) ――線②「ゆうゆうと　道を歩いてきた」と同じ表現技法が使われているものを次から選び、記号で答えなさい。（　）
ア 春の風があまくささやく。
イ おおい、雲よ、流れる雲よ。
ウ つかれた男がのろのろと歩く。
エ 冬よ、僕《ぼく》に来い、僕に来い、

(4) この詩で使われていない表現技法を(3)の**ア**～**エ**の中から選び、記号で答えなさい。（　）

(5) ――線③「夕だちを飲んでやった」から、だれのどのような様子がわかりますか。次から選び、記号で答えなさい。（　）
ア 少年の、のどのかわきをいやしたという様子。
イ 少年の元気いっぱいの様子。
ウ 少年のやせがまんの様子。
エ 少年の目立ちたいという様子。

〔報徳学園中―改〕

ハイクラス

答え 別さつ16ページ

時間	30分
合格	80点
得点	点

1 次の詩を読んで、あとの問いに答えなさい。

生ましめんかな

栗原貞子《くりはらさだこ》

こわれたビルディングの地下室の夜だった。
原子爆弾《ばくだん》の負傷《ふしょう》者たちは
ロウソク一本ない暗い地下室を
うずめて、いっぱいだった。
生《な》まぐさい血の匂《にお》い、死臭《ししゅう》。
汗《あせ》くさい*人いきれ、うめきごえ
その中から①不思議な声がきこえてきた。
「赤ん坊《ぼう》が生まれる」と言うのだ。
この地獄《じごく》の底のような地下室で
今、若《わか》い女が産気づいているのだ。
マッチ一本ないくらがりで
どうしたらいいのだろう
人々は自分の痛《いた》みを忘《わす》れて気づかった。
と、「私《わたくし》が産婆《さんば》です。私が生ませましょう」
と言ったのは
さっきまでうめいていた重傷者だ。
*かくてくらがりの地獄の底で
[A]
かくてあかつきを待たず [B]
②生ましめんかな
生ましめんかな
*己《おの》が命捨《す》つとも

*人いきれ＝人が多く集まって、身体から発散する熱やにおいでむっとすること。
*かくて＝このようにして。
*己が命捨つとも＝自分の命を捨てるとしても。

(1) ——線①「不思議な声」とありますが、

① 「不思議な声」とは、具体的にどんな声ですか。詩の中からぬき出しなさい。(10点)

（　　　　　）

② なぜ「不思議な声」なのかを次のようにまとめました。□に入る言葉を、Ⅰは漢字一字、Ⅱは漢字二字で書きなさい。(20点／一つ10点)

[Ⅰ]が支配する絶望《ぜつぼう》的な状《じょう》きょうの中で聞こえてきた、全く反対の新しい[Ⅱ]のたん生を告げる声だったから。

Ⅰ □　Ⅱ □□

(2) A・Bに入る言葉を次から選び、記号で答えなさい。(20点／一つ10点)

A（　　）B（　　）

ア 重傷者は苦しんでいるのだ。
イ この女はどうなるのだろう。
ウ 人々は生きる力を取り戻《もど》した。
エ 新しい命は生まれた。
オ 産婆は血まみれのまま死んだ。

(3) ——線②「生ましめんかな／生ましめんかな／己が命捨つとも」とありますが、ここで使われている表現技法《ひょうげんぎほう》を次から二つ選び、記号で答えなさい。(20点／一つ10点)

ア 擬人法《ぎじん》　イ 反復《はんぷく》法　ウ 直ゆ
エ 倒置《とうち》法　オ 対句《ついく》法

（　　）（　　）

〔京都女子中—改〕

2 次の詩を読んで、あとの問いに答えなさい。

草に寝《ね》て……
六月の或《あ》る日曜日に
立原道造《たちはらみちぞう》

（行番号）

それは　花にへりどられた　高原の
林のなかの草地であった　小鳥らの
たのしい唄《うた》をくりかへす　美しい声が
まどろんだ耳のそばに　きこえてゐ《い》た
私《わたくし》たちは　山のあちらに
青く　光っている空を
淡《あわ》く　ながれてゆく雲を
ながめてゐ《い》た　言葉すくなく
——しあわせは　どこにある？
山のあちらの　あの青い空に　そして
その下の　ちひ《い》さな　見知らない村に
私たちの　心は　あたたかだった
山は　優《やさ》しく　陽《ひ》にてらされてゐ《い》た
希望と夢《ゆめ》と　小鳥と花と　私たちの友だちだった

(1) この詩の6・7行目で使われている表現技法を次から選び、記号で答えなさい。(10点)

ア 体言止め　イ 反復法　ウ 対句法　エ 直ゆ

（　　）

(2) この詩で倒置法が使われている行を、行番号で答えなさい。(5点)

（　　）

(3) この詩は四連(区切り)に分けることができます。第一・二・三連の最後の行を行番号で答えなさい。(15点／一つ5点)

第一連（　　）第二連（　　）第三連（　　）

〔報徳学園中—改〕

チャレンジテスト⑤

時間　30分
合格　80点
得点　　点

答え→別さつ17ページ

1 次の詩を読んで、あとの問いに答えなさい。

けやきの空　　羽曽部忠《はそべただし》

三メートル幅《はば》の道にそって
①五十本も並《なら》んでいたでっかいけやきが
②四、五日の間に
残らず切りたおされてしまった

あとに
空が
ばかでかい口を
ポカンとあけた
村じゅうの人もポカンと口をあけて
その空を見上げた
鳥や虫たちは［A］したが
すぐに姿《すがた》を見せなくなってしまった
風や雲ときたら見向きもせずに
足ばやに通りすぎていった

③のんびりやの月が
ようやくきょう顔を出したが
④手をかけ腰《こし》をおろしながら
のぼっていた枝《えだ》が
一本もなくなっているのに
びっくりしたり　がっかりしたり

けやきがあるからよかったのに
けやきがあるから空だったのに
けやきがあるからよかったのに
けやきがあるから空だったのに
・・・・・
・・・・・
あんなに高くにのぼっても
まだ［B］をくり返している

(1) ――線①「五十本も並んでいた」とありますが、「五十本並んでいた」と比《くら》べて、「も」が入ると、どのような様子を表しますか。「『も』があると」に続けて、「が強調される。」に続く形で、十五字以内で書きなさい。（15点）

「も」があると（　　　　　　）が強調される。

(2) ――線②とありますが、その結果、風景が変わりました。それがわかる部分を、詩の中からぬき出しなさい。（10点）

（　　　　）

(3) A・Bに入る言葉を次から選び、記号で答えなさい。（10点／一つ5点）

A（　　）B（　　）

ア コソコソ　イ モゾモゾ　ウ グズグズ
エ オロオロ　オ ガミガミ　カ ブツブツ

(4) 第二連にでてくる、「空」以外に登場するものを五つぬき出しなさい。生き物とは限《かぎ》りません。（15点／一つ3点）

（　　）（　　）（　　）（　　）（　　）

(5) ――線③とありますが、月はけやきが残らず切りたおされたのを知り、どんな気持ちになりましたか。（20点）

（　　　　）

(6) ――線④とありますが、ここからどのような様子が読み取れますか。次から選び、記号で答えなさい。（10点）（　　）

ア 周囲《しゅうい》の景色を楽しみながら、ゆっくり空にのぼっていく様子。
イ 周囲の景色を楽しみながら、急ぎ足で空にのぼっていく様子。
ウ 周囲の景色を楽しむゆとりもなく、けん命に空にのぼっていく様子。
エ 周囲の景色を楽しむゆとりもなく、あえぎながら空にのぼっていく様子。

(7) この詩で使われている表現《ひょうげん》技法《ぎほう》を次から二つ選び、記号で答えなさい。（20点／一つ10点）（　　）（　　）

ア 倒置法《とうち》　イ 反復法《はんぷく》　ウ 直ゆ
エ 擬人法《ぎじん》　オ 体言止め

〔和洋国府台女子中―改〕

チャレンジテスト⑥

答え▼別さつ17ページ

時間	30分
合格	80点
得点	点

1 次の詩を読んで、あとの問いに答えなさい。

言葉のダシのとりかた

長田《おさだ》 弘《ひろし》

かつおぶしじゃない。
まず言葉をえらぶ。
太くてよく乾《かわ》いた言葉をえらぶ。
はじめに言葉の表面の
カビをたわしでさっぱりと落とす。
*血合《ちあ》いの黒い部分から、
①言葉を正しく削《けず》ってゆく。
言葉が透《す》きとおってくるまで削る。
②つぎに意味をえらぶ。
厚《あつ》みのある意味をえらぶ。
鍋《なべ》に水を入れて強火にかけて、
意味をゆっくりと沈《しず》める。
意味を浮《う》きあがらせないようにして
沸騰寸前《ふっとうすんぜん》サッと掬《すく》いとる。
それから削った言葉を入れる。
言葉が鍋のなかで踊《おど》りだし、
言葉の*アクがぶくぶく浮いてきたら
③掬ってすくって捨《す》てる。
鍋が言葉もろともワッと沸《わ》きあがってきたら
火を止めて、あとは
黙《だま》って言葉を漉《こ》しとるのだ。
言葉の澄《す》んだ奥行《おくゆ》きだけがのこるだろう。
それが④言葉の一番ダシだ。
言葉の本当の味だ。
だが、まちがえてはいけない。
⑤他人の言葉はダシにはつかえない。
いつでも自分の言葉をつかわねばならない。

＊血合い＝魚のはらとせの間の、黒ずんだ部分。
＊アク＝植物にふくまれている苦い部分。

---

(1) この詩では、言葉を使って表現《ひょうげん》することをどのようにたとえていますか。次の□に当てはまる言葉を、詩の中の二字の言葉をぬき出して書きなさい。(10点)
料理の□をとることにたとえている。

(2) 言葉の素材選《そざい》びについて表現しているのは、どの文ですか。詩の中から一文をぬき出しなさい。(15点)

（　　）

(3)
――線①「言葉が透きとおってくるまで削る」とありますが、どのようなことをたとえて言っているのですか。次から選び、記号で答えなさい。(10点)　（　　）

ア　やさしい言葉をむずかしい言葉に変えること。
イ　できるだけ短くてかんたんな言葉にすること。
ウ　余計《よけい》な部分を取りのぞき、洗練《せんれん》された言葉にすること。
エ　言葉の正しい意味を国語辞典などで調べること。

(4)
――線②「つぎに意味をえらぶ」とありますが、「えらんだ意味」についてすることを表現しているのは、どの行までですか。詩の中から一行でぬき出しなさい。(15点)

（　　）

(5)
――線③「掬ってすくって捨てる」とありますが、何を「掬ってすくって捨てる」のですか。(10点)

（　　）

(6)
――線③「掬ってすくって捨てる」の表現から、言葉に対するどのような態度《たいど》がわかりますか。次から選び、記号で答えなさい。(10点)　（　　）

ア　言葉をきれいにかざりたてていこうとする態度。
イ　言葉の余分《よぶん》なものを取りのぞこうとする態度。
ウ　同じ言葉を何度もくり返し使おうとする態度。
エ　新しい言葉を積極的《せっきょくてき》に使おうとする態度。

(7)
――線④「言葉の一番ダシ」と同じことを表す言葉を二つ、詩の中から九字と七字でぬき出しなさい。(20点／一つ10点)

□□□□□□□□□
□□□□□□□

(8)
――線⑤「他人の言葉はダシにはつかえない。／いつでも自分の言葉をつかわねばならない」とありますが、この部分から、作者のどのような気持ちがわかりますか。次から選び、記号で答えなさい。(10点)　（　　）

ア　言葉を使うときは、国語辞典で意味をよく確《たし》かめて、いつでも正しく使うようにしたい。
イ　言葉を使うときは、他の人のうまい表現も参考にして、自分で考えた言葉もおりまぜて使いたい。
ウ　言葉を使うときは、はやりの言葉を使うのではなく、長い間使われ続けてきた、美しい言葉を使いたい。
エ　言葉を使うときは、人の言葉をそのまま使うのではなく、自分自身でよく考えて使いたい。

14 構成《こうせい》をつかむ

標準クラス

答え→別さつ17ページ

1 次の文章を読んで、あとの問いに答えなさい。

昔の日本人は今の日本人とは違《ちが》った歩き方をしていたというと、たいていの人は驚《おどろ》く。昔の日本人は、手足を互《たが》い違いに出す今のような歩き方をしてはいなかった。右手右足を同時に出す、いわゆるナンバ*のかたちで歩いていたのである。腰《こし》から上を大地に平行移動《いどう》させるようにして、すり足で歩いていた。いまでも、能《のう》や歌舞伎《かぶき》、[A]剣道《けんどう》などにはこの歩き方が残っている。

なぜ①このような歩き方をしていたかといえば、生産の基本《きほん》が農業、それも水田稲作《いなさく》にあったからである。稲《いね》の生育を注意深く見守るためには、走ったり跳《と》んだりすることは無用だった。事実、いまでも、②浮《う》き足立つとか③跳《は》ね上がるとかいう言葉は、日本語では悪い意味である。[B]、西洋のたとえばバレエでは、浮き足立ったり、跳ね上がったりしないことには踊《おど》りにならない。バレエは、遊牧を生産の基本とする文明によって育《はぐ》まれたのである。すり足ナンバでは、馬に乗って羊を追う仕事など、むろんできはしない。

バレエはヨーロッパの古典舞踊《ぶよう》ということになっているが、その原型《げんけい》は中央ユーラシアの遊牧民の舞踊にある。いまでも、チベットやモンゴルの踊りに、④バレエとまったく同じ所作《しょさ》*を見いだすことができる。他方、能に象徴《しょうちょう》*されるすり足ナンバの舞踊は、水田稲作を生産の基本とする東南アジア一帯に広く見られる。インドネシア、タイ、ベトナム、さらに沖縄《おきなわ》、日本と広がる舞踊文化の豊《ゆた》かさには目を見張《みは》るが、それを貫《つらぬ》くのは、すり足ナンバという身体所作である。

昔の日本人はと言ったのは、むろん、今の日本人は西洋人と同じ歩き方、同じ走り方をするようになってしまったからである。というより、いまや、世界中どこでも同じような歩き方、走り方をするようになってしまったのだ。産業革命《かくめい》*以降《こう》、生産の基本が、農耕《のうこう》でも遊牧でもない、工業に移行《いこう》してしまったからである。言ってしまえば、産業革命は均質《きんしつ》な商品だけではない、⑤均質な身体をも大量に生み出したのである。学校、軍隊、工場は、そういう身体だけを必要としたのだ。

（三浦雅士《みうらまさし》「考える身体」）

＊ナンバ＝右手と右足、左手と左足を同時に出す歩き方。
＊所作＝動作やしぐさのこと。
＊象徴される＝代表として表される。
＊産業革命＝蒸気《じょうき》機関の発明により十八世紀末にイギリスで起こった、手工業から機械工業への変化。

(1) [A]・[B]に入る言葉を次から選び、記号で答えなさい。

ア あるいは　イ すると　ウ つまり
エ ところが　オ ところで

A（　　）B（　　）

(2) ——線①「このような歩き方」とはどのような歩き方ですか。文章中の言葉を使って、具体的に答えなさい。

（　　）

(3) ——線②「浮き足立つ」、③「跳ね上がる」の意味を次から選び、記号で答えなさい。

ア はねのける。　イ 勢いよく飛び上がる。
ウ 落ち着きを失う。　エ 気持ちがはずむ。

②（　　）③（　　）

(4) ——線④「バレエとまったく同じ所作」とはどのような動作ですか。文章中の言葉を使って書きなさい。

（　　）

(5) ——線⑤「均質な身体」とありますが、

①具体的には、何がどのように均質なのですか。

（　　）

②次のア〜キは、いずれも日本の学校生活における所作です。ここでいう「均質な身体」の例として、適当《てきとう》でないものを二つ選び、記号で答えなさい。

（　　）（　　）

ア 朝、駅で仲のよい友だちに「おはよう」とあいさつをする。
イ 校舎《こうしゃ》内に入るときは、げた箱で上靴《うわぐつ》にはきかえる。
ウ 全校集会では、決められたクラスの場所にそれぞれならぶ。
エ 授業《じゅぎょう》開始のチャイムが鳴ったらすばやく教室に入る。
オ ろうかを歩くときは右側を歩く。
カ 休み時間に友だちといっしょにトイレに行く。
キ 給食は、毎日決まった時間帯に食べる。

〔成蹊中—改〕

ハイクラス

時間 30分
合格 80点
得点 　点

答え 別さつ18ページ

1 次の文章を読んで、あとの問いに答えなさい。

昔、われわれが子どもの頃《ころ》は、食べるものが少なかった。[A]、そのためにかえって、五月の節句《＊せっく》の柏餅《かしわもち》のおいしかったことなどは、今でも忘《わす》れないほどである。家で餅を搗《つ》き、柏の葉を山で取ってきて、家族一同で柏餅を作って食べる。おいしくないはずはない。ここでは、すでに述《の》べたように、こころとものとの区別以前の感覚がはたらき、食べることによって「味わう」ことは、実に「豊《ゆた》かな」内容《ないよう》をもっている。しかし、このようなことが可能《かのう》だったのは、昔は適当《てきとう》にものが不足していたからである。

ところが、最近になって豊かになったものは、[B]自動車、ステレオ、いろいろな電気製品《せいひん》など。それによって人間の生活は快適《かいてき》で便利になる。しかし、それを得るためには人間は働かねばならない。働くために時間を節約しなければならないし、疲《つか》れるので、なるべく心を余計《よけい》なこと――と言っても、ほんとうはこちらの方が大切なのだが――に使わないようにしようと思う。そうなると、家庭の食事を家族で楽しむ、ということがなくなって、「貧困《ひんこん》な食事」になってしまうのではなかろうか。心と物を分離《ぶんり》した後で、今度は、物が心を圧迫《あっぱく》している、というのが現状《げんじょう》ではないだろうか。むしろ、物が心を操作《そうさ》しているとさえ言えるのではなかろうか。

（河合隼雄《かわいはやお》「日本人の心のゆくえ」一部表現を改めた部分があります。）

＊節句＝季節の変わり目などに行われてきた祝いの行事。

(1) [A]・[B]に入る言葉を次から選び、記号で答えなさい。（20点／一つ10点）

ア しかも　**イ** しかし　**ウ** たしかに
エ たとえば　**オ** そして　**カ** また
キ むしろ

A（　　）　B（　　）

(2) ――線「物が心を圧迫している」を、次のように説明しました。[I]〜[III]に入る言葉を、文章中からI・IIIは一字、IIは三字でぬき出しなさい。（30点／一つ10点）

人々は、生活を快適で便利にする[I]の豊かさを求め、それを得るために働くようになった。そのための時間を優先《ゆうせん》し、[II]時間を節約しようとして[III]の豊かさを失っているということ。

I［　］　II［　　　］　III［　］

〔芝中〕

2 次の文章を読んで、あとの問いに答えなさい。

私《わたくし》たちはいままでずっと、長い人間の歴史のなかで、「＊灰色《はいいろ》の男たち」の正体をさぐってきました。「灰色の男たち」がぼつぼつはびこりはじめるのは、機械時計ができて人工の時間が、私たちの暮《く》らしを管理するようになってからです。

そのころから時間の支配《しはい》は、神から商人やブルジョワといった新しい権力《けんりょく》者の手にうつってゆきました。新しい権力者のもとでは、お金をもっているもの、お金をたくさんもうけるものが偉《えら》い人であり、金もうけは善《よ》いことであるということになったのです。

そのことのうらには、「[A]は[B]なり」という資本《しほん》主義《しゅぎ》の経済倫理《けいざいりんり》が、人びとの心にひろくゆきわたった事情《じじょう》があったことに、注目するひつようがあります。

[C]、人びとはお金をたいせつにするように時間をたいせつにし、お金を倹約《けんやく》するように時間を倹約する、そうすることによって、いつも追いたてられるように、せかせかと生きるようになっていったのです。

[D]農業が暮らしの中心であった社会から、産業革命《かくめい》によって工場や銀行、商社へかよう都市の暮らしが中心の社会へうつるとともに、私たちの大部分の時間は、職場《しょくば》にうばわれ、仕事にうばわれるようになりました。

（角山《つのやま》 栄《さかえ》「シンデレラの時計」）

＊灰色の男たち＝ミヒャエル・エンデの「モモ」に登場する、人間から時間をぬすむ人のこと。

---

(1) この文章の内容《ないよう》を手がかりにして、[A]・[B]に入る言葉をA・Bともに漢字一字で書き、ことわざを完成させなさい。（完答10点）

A [　　]　B [　　]

(2) [C]・[D]に入る接続語《せつぞく》の組み合わせを次から選び、記号で答えなさい。（10点）

ア Cところで　Dしかも
イ Cそして　Dところで
ウ Cそのうえ　Dですから
エ Cですから　Dしかも

（　　）

(3) 次の図は「人々の暮らし」と「時間のとらえ方」の変化を表したものです。[　]に入る言葉を、文章中からⅠ・Ⅲは漢字二字、Ⅱは漢字四字でぬき出しなさい。（30点／一つ10点）

（人々の暮らし）

[Ⅰ]中心の社会
← [Ⅱ]の発明・産業革命
都市中心の社会

（時間のとらえ方）

自然の時間
←
[Ⅲ]の時間

Ⅰ [　　]　Ⅱ [　　　　]　Ⅲ [　　]

（富士見丘中）

15 内容《ないよう》の中心をとらえる

標準クラス

1 次の文章を読んで、あとの問いに答えなさい。

自然にはゴミがない、と言った人がいた。①テツガクだなと思う。

ゴミは必ず人間が生み出すものだ。つまりゴミは人工物品に限《かぎ》られる。

たしかにそうで、たとえば山の中の枯葉《かれは》や枯枝《かれえだ》の落ちたのがゴミかというと、そうは見えない。そうは感じられない。倒木《とうぼく》樹《き》の根本に枯葉が落ちていても、それは自然だと思う。倒木がごろんとあって、その表面がぼろぼろに朽《く》ちて黴《かび》が生えたりしていても、それはゴミに見えない。自然だと思う。汚《きたな》いとは思わない。

でもそこに、脚《あし》の折れた、バネの飛び出した長椅子《ながいす》がどんと転がっていて、ところどころ布《ぬの》が腐《くさ》って黴が生えていたりしたら、それはゴミだと思う。汚いなあと思ってしまう。

では自然の中にゴミはないとして、ゴミは人間だけが生み出すものだとして、それじゃあ人間は自然じゃないのかという問題がある。大自然のイトナミの中にあるんだから人間も自然物であって、人間の生み出すゴミも自然物ということになるんじゃないか。

理屈《りくつ》ではそうなるかもしれないが、②それはやはり理屈で、廃棄《はいき》された人工物はどうしてもゴミに見える。枯葉はゴミには見えず、一方、タバコの箱のひしゃげたのはゴミに見えてしまうんだから、仕方がない。見ているのは人間である。

これは③面白《おもしろ》い問題だ。

ゴミというのは人間の作る人工物から出てくる。それをたとえば動物が見たら、ゴミでも何でもないのだろうが、それを人間が見るとゴミに見える。

ゴミはすべて人間にからむ物なのだ。

廃車《はいしゃ》だったか何だったか、何か構造物《こうぞうぶつ》の廃品を海に沈《しず》めると、魚たちはそれを漁礁《ぎょしょう》として利用をはじめる。何かそういう画面を雑誌《ざっし》かテレビで見たことがある。

海底にただ沈められた廃車はやはりゴミで、自然を汚染《おせん》するゴミ、というふうに見える。でもそれを魚が利用して、漁礁として活用されるころには、藻《も》がからんだり昆布《こんぶ》が生えたりして、④だんだんゴミには見えなくなってくる。人工物としての形がだんだん消えていくと、ゴミの感じもだんだん消えてなくなる。

（赤瀬川原平《あかせがわげんぺい》「背水《はいすい》の陣《じん》」）

答え 別さつ18ページ

(1) ――線①「テツガクだな」とありますが、この言葉にこめられた気持ちとして適当《てきとう》でないものを次から選び、記号で答えなさい。（　　）

ア 納得《なっとく》いかないなあ。

イ 重要だなあ。

ウ よく見つけたなあ。

エ むずかしい問題だなあ。

(2) ――線②「それはやはり理屈で」とありますが、その意味を次から選び、記号で答えなさい。（　　）

ア「理屈」は、現実《げんじつ》の世界に合った考えであり、正しいと思われる。

イ「理屈」は、現実のできごとと比べていくと、合っているとみなすのはむずかしい。

ウ「理屈」は、時と場合によって合っているときと合っていないときがある。

エ「理屈」は、はじめからつじつまがあっておらず、正しくない。

(3) ――線③「面白い問題だ」とありますが、どのようなことを「面白い問題」だと述べているのですか。次から選び、記号で答えなさい。（　　）

ア 枯葉とタバコの箱には大きなちがいがあること。

イ 人工物もだんだんゴミに見えなくなることがあること。

ウ 人間だけがゴミを生み出すものだということ。

エ ゴミをゴミとして見るのは人間だけということ。

(4) ――線④とありますが、

① 「だんだんゴミには見えなくなってくる」と同じ意味で別の表現をしている部分を、文章中から十七字でぬき出しなさい。

② 「ゴミには見えなくなってくる」のはなぜですか。文章中の言葉を使って書きなさい。

（　　）

〔立教池袋中―改〕

15 内容《ないよう》の中心をとらえる

ハイクラス

時間 30分
合格 80点
得点　　点

答え 別さつ18ページ

1 次の文章を読んで、あとの問いに答えなさい。

鳥類と哺乳類《ほにゅうるい》はそれぞれ別個《べっこ》の爬虫類《はちゅうるい》の*系統《けいとう》から発生したものである。したがって、鳥類は人間の祖先《そせん》とは別の道をとおった一族である。それは恐竜《きょうりゅう》の一派《いっぱ》だといえるもので、そのため「[A]」だという人もいる。[B]、鳥類は哺乳類とならび称《しょう》されるほど、複雑《ふくざつ》な体の構造《こうぞう》をもっており、ともに*恒温性《こうおんせい》である。鳥類の特徴《とくちょう》は、*若干《じゃっかん》の例外はあるが、飛ぶことができることである。飛ぶためには、体が軽いことが第一で、骨格《こっかく》なども軽いが、強固である。メスは早々に卵《たまご》を産み、長い期間をかけて、ヒナを育てる。前肢《まえあし》は翼《つばさ》となり、全身は羽毛《うもう》におおわれ、尾《お》には尾羽《おばね》が発達して、飛行中の舵《かじ》となる。

口は*顎骨《がっこつ》の先端《せんたん》が角質《かくしつ》のさやにおおわれて、くちばしとなるが、その形態《けいたい》はあしの形態と同じく、食性その他の習性に応《おう》じて①変異《へんい》がいちじるしい。くびはきわめて自由に動き、頭部以外の全身にとどくようになっている。さまざまな種にわかれていながら、哺乳類にくらべ、全身の形態は比較《ひかく》的よく似《に》ている。それは[C]のために、他のすべてが犠牲《ぎせい》になったからだともいえる。その*代償《だいしょう》であるかのように、羽毛の色《しき》彩《さい》や模様《もよう》の変化は種によっていちじるしい。

（中略《ちゅうりゃく》）

鳥類の学習能力《のうりょく》は哺乳類よりはるかに低いが、その*中枢神《ちゅうすうしん》経《けい》は高度にプログラミングされた高性能の小型《こがた》コンピュータだといえる。②それは長距離《ちょうきょり》にわたる渡《わた》り、帰巣《きそう》性、巣づくり、風や気流の利用のしかたなどに、*卓越《たくえつ》した能力を示《しめ》す。

鳥類の飛行能力と美しい羽毛は、久《ひさ》しい以前から、人間のあこがれの的であったといえる。近来にいたって、人間は美しい衣装《いしょう》をまとうとともに、航空機《こうくうき》を発明し、③永年《えいねん》の望みを達したといえよう。

鳥類と対照的な動物が[D]である。その名のとおり、幼《よう》時《じ》、母乳で育児をおこなう。母子肌《はだ》を接《せっ》した*哺育《ほいく》をおこなうので、母子関係が密接《みっせつ》であり、[E]、成長過程《かてい》において、母親から、さまざまなものを学習する。*試行錯誤《さくご》をくりかえして成長していくので、種により程度《ていど》の差がいちじるしいが、全体として知能が高い。そのため、種により、個性を強くあらわすものがいる。その個性は体臭《たいしゅう》、*斑紋《はんもん》、体格、行動、顔面の形態や表情《ひょうじょう》などにあらわれる。

（中略）

そういう哺乳類の一族ながら、なかでも人間に似ているのが霊長類《れいちょうるい》である。「霊長」とは「生きもののおさ」、すなわち[F]のことであるから、霊長類とは人間を含《ふく》む類ということになる。むろん、[G]のことである。（香原志勢《こうはらゆきなり》「顔の本」）

*系統＝血すじ。
*恒温＝まわりの温度に関係なく、体温が一定であること。
*若干＝少し。
*顎骨＝あごの骨《ほね》。
*代償＝何かの代わりに犠牲となるもの。
*中枢＝中心となるもっとも大切な部分。
*卓越＝大変すぐれていること。
*哺育＝乳《ちち》を飲ませたり、食べ物を与《あた》えたりして育てること。
*試行錯誤＝何かを行うときに失敗をくり返しながら効果《こうか》を収《おさ》めること。
*斑紋＝体にできる、はん点などのこと。

(1) [A]に入る言葉を次から選び、記号で答えなさい。（10点）
（　　）

ア 水の中の恐竜　イ 手のない恐竜
ウ 羽のある恐竜　エ 尾のない恐竜

(2) [B]・[E]に入る言葉を次から選び、記号で答えなさい。（20点／一つ10点）
B（　　）E（　　）

ア ところで　イ しかし　ウ あるいは
エ たとえば　オ また

(3) ——線①「いちじるしい」の意味を次から選び、記号で答えなさい。（10点）
（　　）

ア たった一つだけである。
イ その時だけである。
ウ はっきりとわからない。
エ 目立ってはっきりしている。

(4) [C]に入る言葉を、文章中から四字でぬき出しなさい。（10点）

(5) ——線②「それ」とは何を指しますか。文章中の言葉を使って七字で書きなさい。（10点）

(6) ——線③「永年の望み」とは何ですか。（10点）
（　　）

(7) [D]に入る言葉を、文章中からぬき出しなさい。（10点）
（　　）

(8) [F]・[G]に入る言葉を次から選び、記号で答えなさい。（20点／一つ10点）
F（　　）G（　　）

ア 動物　イ 哺乳類　ウ 人間　エ サル　オ 鳥類

〔東京成徳大中―改〕

16 キーワードをつかむ

標準クラス

1 次の文章を読んで、あとの問いに答えなさい。

ひとたび噴火《ふんか》がおこるとたいへんな被害《ひがい》をおよぼす火山。昔から、人びとは火山のはかりしれない力をおそれてきました。

火山による災害《さいがい》は、おもに爆発《ばくはつ》、噴火で出てくる溶岩《ようがん》や火《か》山灰《ざんばい》、火山弾《かざんだん》、軽石などによってひきおこされます。なかでもおそろしいのは、火山灰や軽石などが、高温のガスにまじって流れだす現象《げんしょう》です。これを熱雲《ねつうん》とよんでいます。

熱雲の温度は千度近くもあり、秒速数十メートルもの速さで、なだれのように山の斜面《しゃめん》をかけおりてきます。そのため、通り道にあたるものはことごとくやきはらわれてしまいます。

一九〇二年、西インド諸島《しょとう》のマルチニーク島にあるプレー火山が噴火しました。このときの熱雲は、ふもとのサンピエールの町をやきはらい、いっしゅんにして二万八千人もの命をうばいました。

日本では、一七八三年浅間山《あさまやま》の噴火のさいに、熱雲が山の斜面の岩石や土砂《どしゃ》、水分をまじえて、熱いどろとなって流れました。ふもとの鎌原《かんばら》村では、五百人近くの人が死にました。

（青木《あおき》 章《あきら》「火山は生きている」）

---

(1) ――線部「火山のはかりしれない力」とありますが、

① 「火山のはかりしれない力」で、筆者が最もおそろしいと言っている現象を、文章中から漢字二字でぬき出しなさい。

② ①の現象は、どんな現象ですか。文章中からぬき出しなさい。

（　　　　）

(2) 文章中であげられている火山の災害について、要点をまとめて、次の表に書き入れなさい。

噴火した火山	被害の状《じょう》きょう

答え 別さつ19ページ

2 次の文章を読んで、あとの問いに答えなさい。

近頃《ちかごろ》、むやみやたらと流行《はや》っている言い方に、

「存在《そんざい》感がある」

というのがある。

「○○は、さすが名女優《じょゆう》だ、どの作品に出演《しゅつえん》しても、独特《どくとく》の存在感を発揮《はっき》している」

何て具合に使われているから、

「目立っている」

という意味で、どうやら褒《ほ》め言葉らしい。

[A]、昔の人は、どの役をやっても①同じ素《す》の顔が出てしまう役者のことを、どこを切っても同じ大根にたとえて、貶《けな》したものだ。

つまり、本物の名人芸たるものは、存在を意識《いしき》させないほどの域《いき》に達しているべきで、理想は空気のような存在になることだと②考えていた。役者なら芝居《しばい》のなかの人物そのものになりきって、役者個人《こじん》の存在を忘《わす》れさせてくれるべきだ、と。

ところが、最近は、テレビのワイドショーやトーク番組、それにコマーシャルに頻繁《ひんぱん》に顔を出し、私生活《しせいかつ》までさらけ出すことが、役者としての成功につながると思い込《こ》んでいる人々が多い。隣人《りんじん》や親戚《しんせき》に対するような親しみを視聴《しちょう》者に植えつけるには、たしかに[B]かもしれない。しかし、映《えい》画《が》やドラマ、芝居のような③絵空事《えそらごと》の世界に、馴染《なじ》みの顔が現《あらわ》れると、目立ちはするものの、とたんに日常性《にちじょうせい》に引き戻《もど》されて白けてしまうものだ。これでは、作品そのものが台無しである。

（米原万里《よねはらまり》「真昼の星空」）

---

(1) [A]に入る言葉を次から選び、記号で答えなさい。（　　）

ア とにかく　イ つまり　ウ でも
エ なぜなら　オ だから

(2) ――線①「同じ素の顔が出てしまう」と、ほぼ同じ意味の言葉を、文章中から十三字でぬき出しなさい。

(3) ――線②「考えていた」とありますが、だれが考えていたのですか。次から選び、記号で答えなさい。（　　）

ア 名女優　イ 昔の人　ウ 役者　エ 芝居の中の人物

(4) [B]には「無効」の対義語《たいぎご》が入ります。漢字二字で書きなさい。

(5) ――線③「絵空事」の意味を次から選び、記号で答えなさい。（　　）

ア 現実的なもの。　イ 真実味のないもの。
ウ 写実的なもの。　エ 日常性のあるもの。

〔立教池袋中―改〕

時間 30分　合格 80点　得点　点

答え 別さつ19ページ

1 次の文章を読んで、あとの問いに答えなさい。

日本語でノーを何と言うのか、と外国人に問われて私《わたくし》が返事に*窮《きゅう》するのは、日本語には「ノー」にそっくり対応《たいおう》する言葉がないからである。日本語では、ある場合は「いいえ」といい、ある場合は「ない」ともいい、あるときは「いえ」「いや」ともいい、またあるときは「ううん」などという。「ノー」というきわめて[A]な言葉に、こうもたくさんの訳語《やくご》がつくというのは、外国人には理解《りかい》を超《こ》えるようである。

このことは何を意味するのだろう。おそらく、きっぱりと否定《ひてい》することを日本人は好まない、ということを語っているのではあるまいか。ことに会話の場合、はっきりと否定することは相手の感情《かんじょう》を害するのではないかと日本人はそれを心配するのである。[B]、相手への配慮《はいりょ》から、時と場合に応じて*ニュアンスを異《こと》にする否定の表現《ひょうげん》をえらび、気分をこわすまいと努力するのだ。

（中略《ちゅうりゃく》）

じっさい、①日本人にとっていちばん使いにくい言葉は「ノー」なのである。むろん、日本人も「いいえ」とか「いや」とかいうが、どんな否定の言葉も、「ノー」のように、はっきりしていない。「ノー」というのは、きっぱりと否定することである。はっきりと断《こと》わることでもある。[C]、日本人はどうも②それが苦手なのだ。げんに「きっぱりと断わる」というような表現がその間《かん》の心情をよく語っている。③断わるというのは、そもそも「はっきりと断わる」ことではないか。それなのに、「きっぱり」とか「はっきり」などという限定詞《げんていし》をつけるのは、日本人にとって「断わる」ということが「きっぱり」「はっきり」した否定を意味していないということを語っている。もし、④そんなふうに断わったなら、相手はつれないと思うだろう。⑤「すげなく断わられた」と思われるにちがいない。そんなふうに思われたら、⑥やりきれないので、まずは一応断わっておくのだ。つまり、いくらかの可能性《かのうせい》を残しておくわけである。そして、徐々《じょじょ》に相手にこちらの否定の意志《いし》を感じとらせるというやり方を取る。

（森本哲郎《もりもとてつろう》「日本語　表と裏《うら》」一部表現《ひょうげん》を改めた部分があります。）

*窮する＝どうしようもなくて、こまりはてる。
*ニュアンス＝色合い・調子・意味などの微妙《びみょう》な感じ。

(1) [A]には、「こみいってなく、すじ道がはっきりしていてわかりやすいこと。」という意味の言葉が入ります。次から選び、記号で答えなさい。（10点）

ア 有名無実　**イ** 公明正大
ウ 単純明快《たんじゅんめいかい》　**エ** 完全無欠

（　　）

(2) B・C に入る言葉を次から選び、記号で答えなさい。(20点／一つ10点)

B（　　）C（　　）

ア ところが　イ だから　ウ つまり

エ また　オ さて

(3) 〰〰線部「日本語には『ノー』にそっくり対応する言葉がない」とありますが、その理由を「から。」に続くように文章中から五十字以内でさがし、初めと終わりの五字をぬき出しなさい。(完答10点)

□□□□□～□□□□□から。

(4) ――線①「日本人にとっていちばん使いにくい言葉は『ノー』なのである」とありますが、その理由を次から選び、記号で答えなさい。(10点)（　　）

ア きっぱりと断わることによって相手に薄情《はくじょう》だと思われるのは日本人にとってたえられないから。

イ 日本人はいったん断わっても結局は受け入れることが多いので、きっぱりと断わってしまうともう受け入れられなくなるから。

ウ 徐々に相手に断わる意志を伝えることを好む日本人には、きっぱりと断わる言葉は理解できないから。

エ 日本人はきっぱりと断わるのが苦手であるにもかかわらず、はっきりと断わることが多いから。

(5) ――線②「それ」が指す内容《ないよう》を、文章中から十字でぬき出しなさい。(10点)

□□□□□□□□□□

(6) ――線③「断わる」とありますが、日本人が断わる場合、どのようにしますか。「一応」「徐々に」「意志」の言葉を使って三十五字以内で書きなさい。(10点)

(7) ――線④「そんなふうに」が指す内容を、文章中から二つ、それぞれ五字でぬき出しなさい。(10点)

□□□□□

□□□□□

(8) ――線⑤「すげな(い)」の類義語《るいぎご》を文章中から四字でぬき出しなさい。(10点)

□□□□

(9) ――線⑥「やりきれない」の意味を次から選び、記号で答えなさい。(10点)（　　）

ア 最後までやりとげられない。　イ 不幸になってしまう。

ウ せつなくてしかたがない。　エ 不満である。

〔江戸川女子中―改〕

17 事実と意見を見分ける

標準クラス

答え 別さつ20ページ

1 次の文章を読んで、あとの問いに答えなさい。

　昨年の［　　］、山梨《やまなし》県の桃源郷《とうげんきょう》美術館《びじゅつかん》にでかけた時、山々の斜面《しゃめん》をおおう葡萄棚《ぶどうだな》の、見事な紅葉《こうよう》と散りしきつめられた*臙脂《えんじ》色の落葉の美しさにおどろいた。まさに葡萄酒《ワイン》色の山々である。沿道《えんどう》はみわたすかぎりの桃畑《ももばたけ》、花のころはどんなにきれいだろうと、いつものくせで、この葡萄や桃で染《そ》めたら、どんな色が出るだろう、と思わず①つぶやいてしまったの②を心にとめて、同行の館の方が、つい先ごろ、*ドンゴロスの袋《ふくろ》につめて、葡萄と桃の枝《えだ》をたくさん送って下さった。

　植物が花を咲《さ》かせるために、樹幹《じゅかん》にしっかり養分をたくわえて、開花の時期を待つ時、残酷《ざんこく》のようだけれど、その蕾《つぼみ》も共に、たき出して染めると、*えも言われない初々《ういうい》しい、その植物の精《せい》かと思われるような色が染まる。私《わたくし》は③浅春《せんしゅん》の、それらの枝を染める度《たび》に、得がたい貴重《きちょう》な経験《けいけん》をかさねている。そのことを多分館の方にも話したのだろう。忘《わす》れずに④この時期に送って下さったことを、㋐かけがえのないご好意と思い、早速《さっそく》心をこめて染めてみた。桃はふっくらと蕾をつけたまま、翌朝《よくあさ》、何とも*清雅《せいが》な淡《あわ》い桃色に染まった。やはり桃の精としか㋑いいようのない色だ。

　葡萄は炊《た》いて二日ほど漬《つ》けこんでおいたら、液《えき》がすっかりワイン色になって、甘《あま》い香《かお》りがする。葡萄《え》染《びぞめ》とはこんな色ではないだろうかと、ひとり胸《むね》がときめくようである。しっとりとした葡萄色、はじめての色を手にして、どんな着物を織《お》ろうかと卓上《たくじょう》に眺《なが》めている日々である。

　まぎれもなく、⑤梅からは梅の、桃からは桃の、そして葡萄からは葡萄の色が生《うま》れる。私共はその天の滴《したた》りをいただく、お手伝いをしているようなものではあるが、⑥その天然のエキスを、絹《きぬ》の糸は何という静かさでおのがすべてに吸《す》いよせてしまうことだろう。干《ほ》し上がった絹糸の群《むれ》を仕事場中に並《なら》べて、飽《あ》かず眺めていると、この季節にしかきこえてこない植物の囁《ささや》きや、低い輪唱がきこえてくるようである。次元をちがえて、姿《すがた》を全く変えて、しかもすこしも㋒変《かわ》らない植物の命の*連鎖《れんさ》が仕事場の天井《てんじょう》から、そこここの隅《すみ》からやさしく低く、くりかえし、くりかえしきこえてくる。

（志村《しむら》ふくみ「語りかける花」）

＊臙脂色＝黒みを帯びた赤色。
＊ドンゴロスの袋＝麻《あさ》の袋。
＊えも言われない＝なんとも言えない。
＊清雅＝世ばなれしていて、それを見たり聞いたりする人のたましいが洗《あら》われる感じがする様子。
＊連鎖＝鎖《くさり》のようにつながること。

(1) 〰〰線㋐「かけがえのない」、㋑「いいようのない」、㋒「変らない」の中で、「ない」のはたらきが他とちがうものを選び、記号で答えなさい。（　　）

(2) □に入る言葉を次から選び、記号で答えなさい。（　　）

ア 晩夏《ばんか》　**イ** 初秋　**ウ** 晩秋《ばんしゅう》　**エ** 初冬

(3) ――線①「つぶやいてしまった」、②「心にとめて」はだれの動作ですか。文章中からぬき出しなさい。

①（　　）

②（　　）

(4) ――線③「浅春」の類義語《るいぎご》を考えて漢字二字で書きなさい。□□

(5) ――線④「この時期」を次のように説明しました。□□に入る言葉を文章中からⅠは二字、Ⅱは五字でぬき出しなさい。

植物が幹《みき》にじゅうぶん［Ⅰ］をたくわえ［Ⅱ］を待つ時。

Ⅰ □□　Ⅱ □□□□□

(6) ――線⑤「梅からは梅の、桃からは桃の、そして葡萄からは葡萄の色が生れる」とありますが、このような色のことを文章中ではどのようにたとえて言っていますか。――線⑤より前の部分から五字以内でぬき出しなさい。

□□□□□のような色

(7) ――線⑥「その天然のエキスを、絹の糸は何という静かさでおのがすべてに吸いよせてしまうことだろう」とありますが、筆者はどのようなことに感動していますか。次から選び、記号で答えなさい。（　　）

ア 人間が心をこめて絹糸を染めること。
イ すべての天然のエキスを絹糸が吸いとること。
ウ 植物の甘い香りまで絹糸が吸いよせること。
エ それぞれの樹木の色に絹糸が染まること。

〔大妻中野中―改〕

17 事実と意見を見分ける

ハイクラス

時間 30分
合格 80点
得点 点

答え▽別さつ20ページ

1 次の文章を読んで、あとの問いに答えなさい。

自分の能力《のうりょく》のあるなしは、どうしてわかるのでしょうか。

ランニングの能力の場合には、友だちと走る競争をやってみて、あなたのほうが彼《かれ》より速ければ、あなたのランニングの能力は彼より大きいわけです。重量挙げの場合には、友だちと重い物を持ちあげる競争をやってみて、あなたのほうが、彼より重い物を持ちあげられれば、あなたの重量をあげる能力が彼より上ということになります。

A、ある種の能力については、他人と比較《ひかく》して簡単《かんたん》に〝ちがい〟がわかるというものではありません。社交性《しゃこうせい》の程《てい》度《ど》といったものは、いくぶん見当がつくように思われますが、あの人より自分のほうが一・五倍ほど社交性が高い、他人と話し合いをする能力が自分のほうが二倍も上だなどと、はっきり、きめるわけにはいきません。

このような①〝ちがい〟がはっきりしないことについては、どうしても自分の、主観的な(自分だけで考えた)判断《はんだん》がおこなわれ、実際《じっさい》の能力は十分にないのに、すぐれていると思ったり、ぎゃくに、能力が劣《おと》っていないのに、十分な能力がないとBしたりすることが多いのです。

この点を反省することが大切で、そのためには、まず、②自分自身の性格《せいかく》を知らなくてはなりません。性格を、強気、勝《かち》気《き》、弱気の三つのタイプにわけて、もうすこし、この問題を考えてみましょう。

強気の性格の人は、自信が強く、自分には実力があると思いやすいのです。自分はエリートだといい、有名な大学や高校に入れるはずだと思いこみます。

実際に能力がCとはかぎりませんから、成績《せいせき》がおもわしくないこともありますが、こんなときに強気ゆえに、「自分が実力がないためではない。先生がわざと自分の成績を悪くしたのだ」とか、「クラスの連中に*妨害《ぼうがい》されたのだ」とか主張《しゅちょう》します。どうしても、成績が悪かったことを認《みと》めないわけにいかないときには、「家のなかがうるさくて勉強ができなかったのだ」といった〝いいわけ〟をします。

強気が、かならずしも悪い性格とはいえません。その性格ゆえに、負けるものかと、がんばって成功する人もあるのです。

社会をよくしようと努力しつづけた人たちのなかには、強気の人がすくなくありません。頭のなかに描《えが》いた理想を絶対《ぜったい》にすてようとしないからです。

D、実際に「能力」がないのに、ただ強気ゆえに、自分に能力がEと思いこんでしまうと失敗します。*革命《かくめい》家《か》としても成功者となることはできませんし、宗教家《しゅうきょうか》としても成功することはできません。

勝気の性格の人は、強気と同様に、我《が》が強いのですが、強気の性格の人のように心《しん》から自信満々ではなく、ただ、負けずぎらいで、虚栄心《きょえいしん》が強いのです。能力があるように見せかけるのです。
③他人に対して、自分が能力があると見せかけるわけですが、自分でも、実際に能力をもっていると思いこんでしまうことも、すくなくありません。他人をだましているうちに、自分自身をもだましてしまうのです。（宮城音弥《みやぎおとや》「能力・努力・運」）

＊妨害＝じゃまをすること。
＊革命家＝社会のしくみをすべて変えようと考え行動する人。
＊我が強い＝自分の考えを主張して相手におしつけようとする性質《せいしつ》である。
＊虚栄心＝うわべをかざって、人によく見せようとする気持ち。

(1) [A]・[D]に共通して入る言葉を次から選び、記号で答えなさい。(10点)
ア あるいは　イ たとえば　ウ また
エ したがって　オ しかし
（　　）

(2) ――線①「〝ちがい〟がはっきりしないこと」とありますが、それは何についていっているのですか。文章中からぬき出しなさい。(15点)
（　　　　　　）について。

(3) [B]に入る言葉を次から選び、記号で答えなさい。(10点)
ア 客観　イ 楽観　ウ 悲観　エ 静観
（　　）

(4) ――線②とありますが、その理由を次のようにまとめました。[ ]に入る言葉を、文章中からⅠは三字、Ⅱは二字でぬき出しなさい。(30点／一つ15点)
〝ちがい〟がはっきりしないことについて、[Ⅰ]に判断しがちな点を[Ⅱ]するため。
Ⅰ [　　　]　Ⅱ [　　]

(5) [C]・[E]には、「ある」「ない」のどちらが入りますか。(20点／一つ10点)
C（　　）E（　　）

(6) ――線③とありますが、勝気な性格の人がそのようにするのはなぜですか。文章中の言葉を使って二十字以内で書きなさい。(15点)
[　　　　　　　　　　　　　　　　　　　　]

〔東京成徳大中―改〕

18 要旨《ようし》をつかむ

標準クラス

答え 別さつ20ページ

1 次の文章を読んで、あとの問いに答えなさい。

1 旅鳥《たびどり》は、春と秋、わたりのとちゅうで短い間だけ日本に立ち寄《よ》るわたり鳥です。シギやチドリの仲間がそうです。

2 この仲間は、春から夏にかけて、南の地方から北のシベリアやアラスカの地方へわたっていきます。①このころ、日本の各地の海辺で見られるのは、わたりのとちゅうで②ひとやすみをしているのです。つかれをとり、えさをとって［A］つづく旅にそなえ、力をたくわえているのです。

3 ［B］わたりをつづけ、ぶじにシベリアに着くと、あわただしく巣づくりを始めます。

4 極地に近いほど、夏の日照時間が長くなります。一日をじゅうぶんにつかって、シベリアの短い夏の季節にひなを育て上げるのです。

5 どうして、このような遠い所でひなを育てるのでしょうか。たまごやひなをかかえた親鳥は、多くの敵《てき》にねらわれています。一日をできるだけ長く使って、短い間にひなを育て上げれば、それだけきけんが少なくなります。長い旅をくり返すのは、このためかもしれません。

（行田哲夫《ぎょうだてつお》「わたり鳥のひみつ」）

(1) ――線①「このころ」とは、いつですか。文章中からぬき出しなさい。

（　　　　）

(2) ――線②とありますが、とちゅうでひとやすみするのはなぜですか。

（　　　　）

(3) ［A］・［B］に入る言葉を次から選び、記号で答えなさい。

ア ふたたび　イ とうとう
ウ まだまだ　エ やっぱり

A（　　）B（　　）

(4) 筆者が自分の考えを述《の》べている段落《だんらく》はどれですか。段落番号で答えなさい。

（　　）段落

2 次の文章を読んで、あとの問いに答えなさい。

工業の考え方、経済性《けいざいせい》や効率《こうりつ》の考え方では、値段《ねだん》のつかないものは□価値《かち》です。【ア】

農業はいまや日本のGNP(国民総生産《こくみんそうせいさん》)の二%ぐらいしかないからもう要《い》らないというのが産業界の意見ですが、そうではないのです。それはコメやなんかの値段だけ。値段だけを比《くら》べてほしくない。その陰《かげ》になっているものを認《みと》めなければならない時代がきたのです。【イ】

わたしたちには子どもがいます。その子どももやがてまた子どもをつくっていく、そういうふうにずうっと長い鎖《くさり》でつながれているわけですから、あとの世代にすこしでもましなものを残してやらないといけないと思うのです。【ウ】

人間が生まれる、自然と一体になる、教育する、がんばる、汗《あせ》をかく、土がある、そこで成長していく。成長し、やがて死ぬ、大地にもどる。その循環《じゅんかん》のなかで、命の生まれる瞬間《しゅんかん》、作物が実をもつ瞬間、いろいろな感動的な瞬間がたくさんある。それはなかなか都会ではみえないけれども、わたしたちはそれなしには生きていけないのです。いや、生きていくことはできるかもしれませんが、それはもはや「生きている」といえるようなものではなくなってしまいます。【エ】

(井上《いのうえ》ひさし「農業は国の宝《たから》」)

(1) □に入る漢字一字を次から選び、記号で答えなさい。( )

ア 非《ひ》　イ 不　ウ 無　エ 未

(2) 次の一段落は、【ア】～【エ】のどの段落のあとに入りますか。記号で答えなさい。( )

それは経済性を追わないという時代でもあります。追わないことがかえって利益《りえき》になる。即座《そくざ》には利益になりませんが、あとあとそれが利益となって返ってくるのです。

(3) ——線「それはもはや『生きている』といえるようなものではなくなってしまいます」とありますが、「『生きている』といえるようなものではない」とは、どのような状態《じょうたい》ですか。次から選び、記号で答えなさい。( )

ア 人間と自然が一体となり、さまざまな感動を味わって都会では得られない経験を味わえる状態。

イ 人間の生死の循環《じゅんかん》のなかで自然と一体となって味わうことのできる経験や感動をもてない状態。

ウ 経済性を追わないことがかえって利益となり、命の大切さを実感できるといった状態。

エ 農業を工業化することによって、穀物《こくもつ》生産はのびたものの地球の環境《かんきょう》を破壊《はかい》してしまっているという状態。

〔東京女子学園中―改〕

18 要旨《ようし》をつかむ

ハイクラス

時間 30分
合格 80点
得点 点

答え→別さつ21ページ

1 次の文章を読んで、あとの問いに答えなさい。

知人の演劇評論家《えんげきひょうろんか》が①なげいていた。「最近、小劇場でも大きな劇場でも、とにかく客席の笑いがうるさすぎて」。「え、でもそれって観客の反応《はんのう》がいい、ということじゃないの」と問い返すと、その人は首を横に振《ふ》った。「そういうことじゃないんです。とくに若《わか》い人たちは、物語の流れから考えれば明らかに笑う場面じゃなくても、ちょっと役者が倒《たお》れただけで爆笑《ばくしょう》したりするんです」。

つまり若者たちは、ある動作やことばに触《ふ》れたら反射《はんしゃ》的に笑い声をあげてしまう、ということらしいのだ。たしかにそう言われてみれば、若者と話しているとちょっとした単語や表情《ひょうじょう》に反応して、思わぬ大笑いをされることがある。しかも、手を叩《たた》いて②「本当におかしくてたまらない」と言いたげな表情をする人までいて、こちらがあっけにとられる場面も少なくない。「ノリがいい」というよりは、「こういう場面では笑うのがルールだから笑っている」という印象《いんしょう》だ。

いったいこれは、どういうことだろう。多くの大人は、すぐに次のようなことを思いつくに違《ちが》いない。「[A]に笑う若者、これはテレビのバラエティ番組の影響《えいきょう》だ。タレントが*滑稽《こっけい》なことを言ったり変わったことをしたりしてスタジオの観客が大笑いする、といった番組を見すぎているために、自分もそういったことを目にしたら状況《じょうきょう》にかかわらずすぐに笑わなければ、と思い込《こ》んでいるのだ」。たしかに、これも理由のひとつかもしれない。

しかし、授業《じゅぎょう》中でも講演《こうえん》会でも、とにかくちょっとでも面《おも》白《しろ》いことを言うと、かえって気の毒《どく》になるくらい笑ってくれる若者たちを見ていると、③「テレビの影響」以外の理由も思い浮《う》かんでくる。

ひとつは、彼《かれ》らにとっては「(他人の)笑いを取る」というのは、日常《にちじょう》生活の中でも最重要で最難関《なんかん》の行動と見なされている。「今日は合*コンだからなんとか笑いを取らなきゃ」「笑いを取るという点ではあいつにはかなわない」などと話しているのを、よく耳にする。

だから、何かを見たりだれかに会ったりしたときに、とにかく笑いで反応するというのは、彼らにとっては最高の④〝おもてなし〟なのではないか。それほど面白くないところや場違いなところでも手を叩いて〝笑ってあげる〟ことにより、「私《わたくし》はあなたに敬意《けいい》を払《はら》っているのですよ」という意思を表《ひょう》現《げん》しているのだ。ひと昔前は、[B]シーンとなって講演を聞くのが話者への敬意を表現する行為《こうい》だったとしたら、今は「大笑いする」がそれなのだ。

また、「笑う」という行為で若者は、自らもその場に軽く参加していい気分を味わっていると思う。

（香山《かやま》リカ「若者の法則《ほうそく》」）

＊滑稽＝ふざけていておかしいこと。
＊合コン＝合同コンパの略《りゃく》。異性《いせい》の知り合い・友人などを得るための集《つど》い。

(1) ——線①「なげいていた」理由を次から選び、記号で答えなさい。（10点）（　　）

ア 観客の笑い声が大きすぎるから。
イ 観客の反応がよくなっているから。
ウ 観客に若い人たちが増《ふ》えたから。
エ 観客が話の流れと関係なく笑うから。

(2) ——線②「あっけにとられる」の意味を次から選び、記号で答えなさい。（10点）（　　）

ア 期待がはずれて、力がぬける。
イ 予想外のことに、おどろきあきれる。
ウ 意外なできごとで、感心する。
エ あまりのことに腹《はら》を立てる。

(3) [A]に入る言葉を次から選び、記号で答えなさい。（10点）（　　）

ア 発作《ほっさ》的　イ 日常的　ウ 反射的　エ 現実的

---

(4) ——線③「『テレビの影響』以外の理由」として筆者があげていることを二つ書きなさい。（30点／一つ15点）

（　　　　）
（　　　　）

(5) ——線④「〝おもてなし〟」に〝　〟がつけられていることを次のように説明しました。[　]に入る言葉を、同じ段落《だんらく》からⅠ・Ⅱは二字、Ⅲは六字でぬき出しなさい。（30点／一つ10点）

若者の笑いは[Ⅰ]への[Ⅱ]が表現されている「おもてなし」である。しかし、面白くもないのに[Ⅲ]ことは、大人の立場から見ると、心がこもっているようには感じられない。そのため、わざわざ〝　〟を使い、その意味に注意しなくてはならないことを表している。

Ⅰ[　　]　Ⅱ[　　]　Ⅲ[　　　　　　]

(6) [B]に入る言葉を次から選び、記号で答えなさい。（10点）（　　）

ア 水を打ったように　イ 水を向けたように
ウ 水に流すように　エ 水をあけたように

〔東京成徳大中—改〕

19 筆者の考えをまとめる

標準クラス

答え 別さつ21ページ

1 次の文章を読んで、あとの問いに答えなさい。

だんだん友達もでき、自然と福井弁《ふくいべん》が身についてゆく中でも、「アーア、これで混《ま》ざってしもうたわ。きれいな大阪弁《おおさかべん》には、戻《もど》れへんのやわ。」とちょっぴり［A］。が、覚えてみると、福井弁も、なかなかあったかみがあって、使い心地《ごこち》がいい。高校生になって久《ひさ》しぶりに大阪の友達に会ってみると、みんながすごい大阪弁なので逆《ぎゃく》にびっくりした。わたしもこんなふうにしゃべっていたのかなあ、となつかしく思う。友人もこちらの変化に気がついて、珍《めずら》しがる。

「まっちゃんの、その『なあも、なあも』っていうの、なんかしらんけど、ええ感じやなあ。福井弁？」

「なあも、なあも」というのは、「いえいえちっとも構《かま》わないんですよ。何も何もお気になさらないで。」といったニュアンスの、相手をいたわるかけ声のようなものである。言われてみるとなるほど、優《やさ》しい響《ひび》きを持つ言葉だ。

福井弁の典型《てんけい》的な例として「べとにばいちくさす」というのがよくあげられる。（べとは泥《どろ》、ばいは棒《ぼう》、ちくさすは突《つ》き刺《さ》す。）そういう単語の違《ちが》いもおもしろいが、「なあも、なあも」のような①会話のクッションになるような言葉に、方言のよさは表れるような気がする。

「おっけ」というのも、わたしの好きな福井弁の一つだ。「おくれ」がなまったものだと思うが、何かを頼《たの》むときに下にくっつける。

「この本貸《か》しておっけ。」（貸してちょうだい。）

「代わりに行っとっけるか？」（代わりに行ってくれますか。）

のんびりした、あいきょうのある言葉で、実にものを頼みやすい。言われたほうも、ついつい引き受けてしまうような、和《なご》やかな感じを会話に与《あた》えてくれる。

逆に福井で困《こま》ったのは、大阪弁の「はる」が使えないことである。何にでもくっついて、実にまろやかな、幅《はば》と深みのある［B］を作ってくれるのが「はる」だ。

「している」では失礼だが、「していらっしゃる」では②仰々《ぎょうぎょう》しい――「してはる」としか言いようのない場面に、何度も遭遇《そうぐう》した。「来た」ではなく、「いらっしゃった」でもなく、「来はった」なのだ。

敬語《けいご》というのは、上下だけでなく＊親疎《しんそ》をも表す。使い過《す》ぎると「上」だけでなく「疎」のほうも強調されてしまって、かえってよそよそしい感じがしてしまうものだ。あんばいがなかなか難《むず》かしい。

その点、「はる」という語は、敬意《けいい》の度合いに幅があるし（すごく偉《えら》い人からわりと身近な人まで、応用《おうよう》できる）、なんといっても「親」の要素《ようそ》を持っているまれな敬語のような気がする。親しみを込《こ》めつつ敬意を表現《ひょうげん》できるのだ。思えばこの「はる」も、会話の大切なクッションだった。

（俵《たわら》　万智《まち》「かすみ草のおねえさん」）

＊親疎＝親しい人（こと）と親しくない人（こと）。

(1) [A] に入る言葉を次から選び、記号で答えなさい。（　　）

ア 寂《さび》しかった　**イ** うれしかった

ウ 腹《はら》が立った　**エ** 偉くなったような気がした

(2) ――線①「会話のクッションになるような言葉」とありますが、

① 「なあも、なあも」という「言葉」は、相手に対するどのようなものだと筆者は考えていますか。文章中から十六字でぬき出しなさい。

② このような「言葉」は他にどのようなものがあると筆者は言っていますか。文章中から二つぬき出しなさい。

（　　）（　　）

(3) [B] に入る言葉を、文章中から漢字二字でぬき出しなさい。

(4) ――線②「仰々しい」の意味を次から選び、記号で答えなさい。（　　）

ア 晴れやかな様子。　**イ** おおげさな様子。

ウ おごそかな様子。　**エ** じみな様子。

(5) 福井弁が身についていく中で、福井弁に対する筆者の気持ちの変化を次のようにまとめました。[　] に入る言葉を文章中からⅠは七字、Ⅱは十七字でぬき出しなさい。（句読点《くとうてん》も字数に数えます。）

[Ⅰ] が使えなくなり残念だという気持ちから、福井弁も [Ⅱ] という気持ちに変わっていった。

Ⅰ

Ⅱ

〔文華女子中―改〕

ハイクラス

時間 30分
合格 80点
得点 点

答え→別さつ21ページ

1 次の文章を読んで、あとの問いに答えなさい。

日本を旅するうちに、あちこちに友達ができました。山口県下関《しものせき》市に住んでいる友人がいます。彼《かれ》にはだいたい新幹《しんかん》線《せん》の新下関の駅で会います。待ち合わせには、よく駅の近くにあるA店を使っています。そこでこんなことがあったのです。

ひとあし先に待ち合わせのA店に入って、ぼくが注文する番になりました。カウンターの中に立っているお嬢《じょう》さんに、「すみません、チョップドチョコレートのジュニアサイズのダブルカップをください」と、ゆっくりわかりやすく言いました。

［A］、彼女《かのじょ》はどうしたでしょうか。「かしこまりました」と言って、すぐにアイスクリームを出してくれるかと思ったら、ちがいました。彼女はおじぎをして、「いらっしゃいませ。ご注文いかがなさいますか」とぼくに言うのです。

ぼくは「もう注文したのではないの」と言いますが、彼女はそれを聞かない振《ふ》りをしてもう一度、「いらっしゃいませ。ご注文いかがなさいますか」と言います。

ぼくは嫌《いや》になって、「チョップドチョコレート」と①口の端《は》から彼女に言いました。彼女は「お客さま、サイズはジュニアとレギュラーがございますが、どちらになさいますか」と言います。ぼくは［B］しながら「ジュニア」と言いました。

［C］、同じようにシングルかダブルか、コーンかカップか、また一つ一つ聞かれたのです。

そうしてやっと、チョップドチョコレートのジュニアサイズのダブルカップをもらったときには、②それを食べようという気持ちはなくなってしまい、すべてを彼女の顔にぶつけてやりたい気持ちでした。

どうしてこのようになるのでしょうか。彼女がぼくに求めたのは、けっして人間どうしのつきあいではなく、③ロボットどうしのつきあいなのです。決まった音声で、決まったことしか言わない。それはぜんぜん心のこもったものではないとぼくは思います。これはけっしてサービス業ではない。相手の顔を見て、［D］に応対《おうたい》することが、ほんとうの意味のサービスだと思うのです。

（ピーター＝フランクル「ピーター流らくらく学習術《がくしゅうじゅつ》」）

(1) [A]・[C]に入る言葉を次から選び、記号で答えなさい。(20点／一つ10点)

ア でも　イ だから　ウ さて
エ つまり　オ さらに

A（　）C（　）

(2) ――線①「口の端から彼女に言いました」とありますが、どのような調子で彼女に言ったのでしょうか。次から選び、記号で答えなさい。(10点)

（　）

ア どなりつけるような調子。
イ からかっているような調子。
ウ 投げやりな調子。
エ おどおどしたような調子。

(3) [B]に入る言葉を次から選び、記号で答えなさい。(10点)

ア しょんぼり　イ うんざり
ウ がっかり　エ ぐったり

（　）

(4) ――線②「それを食べようという気持ちはなくなってしまい」とありますが、その理由を次のようにまとめました。[　]に入る言葉を、文章中からⅠ・Ⅲは二字、Ⅱは四字でぬき出しなさい。(15点／一つ5点)

一度[Ⅰ]したにもかかわらず、店員のする一つ一つの質問《しつもん》に[Ⅱ]のように答えなければアイスクリームを売ってくれない[Ⅲ]に腹《はら》が立ったから。

Ⅰ
Ⅱ
Ⅲ

(5) ――線③「ロボットどうしのつきあい」とありますが、どのようなつきあいですか。文章中の言葉を使って書きなさい。(10点)

（　）

(6) [D]には四字熟語《じゅくご》が入ります。次から選び、記号で答えなさい。(10点)

ア 喜怒哀楽《きどあいらく》　イ 一長一短
ウ 単刀直入　エ 臨機応変《りんきおうへん》

（　）

(7) この文章の題名としてふさわしいものを次から選び、記号で答えなさい。(10点)

ア マニュアル式が広く行きわたる
イ 「ご注文いかがなさいますか？」
ウ 人間味という「味」
エ サービス業の楽しさ

（　）

(8) 筆者はA店でどのように応対されましたか。「ロボット」という言葉を使って二十字以内で書きなさい。(15点)

〔武蔵野大学中―改〕

チャレンジテスト⑦

時間	30分
合格	80点
得点	点

答え◎別さつ22ページ

1 次の文章を読んで、あとの問いに答えなさい。

一般《いっぱん》にいわれているとおり、動物は単独《たんどく》で生活している場合よりも群《む》れをなして生活した方が、①外敵《がいてき》に対する抵抗《ていこう》力が大になるし、外敵をいち早く発見するにも、また外敵から適《てき》当《とう》に逃《のが》れる途《みち》を見出《みいだ》すためにも都合がよいようだ。二、三の実例を示《しめ》そう。

まず②イワシだが、イワシはもともと群れをなして広い海を＊回遊《かいゆう》するし、カツオまたはマグロに襲《おそ》われた際《さい》は、各個体《こたい》が互《たが》いに近接《きんせつ》して濃密《のうみつ》な集団《しゅうだん》をなす習性《しゅうせい》をもっている。

瀬戸内海《せとないかい》には③鳥付漕釣《こぎつり》漁業という漁法がある。これはイカナゴが水中ではタイに、空中からはアビ（ヘイケドリ）のはさみうちを受けてダンゴのように群れたところに漁師《りょうし》が舟《ふね》を乗り入れ、イカナゴとタイとを一石二鳥にとらえようという特殊《とくしゅ》な漁法である。［Ａ］この漁法は、危険《きけん》に際して群れ集《つど》うイカナゴの習性を巧《たく》みにとらえた漁法だといえる。

アジも弱い魚ゆえに群れをなすが、この魚もイワシなどと同様に、カツオやキツネガツオの攻撃《こうげき》を受けるとダンゴ状《じょう》に集合する。

このように魚類――いや魚類のみでなく動物が身を守るために群《むら》がることは、かなり前から動物生態《せいたい》学の教科書、その他数多くの＊文献《ぶんけん》に記されているし、相川広秋《あいかわひろあき》氏の著書《ちょしょ》の中に「魚が群れを作れば外敵の＊防禦《ぼうぎょ》に十分役立つ」と明記している。

ところが、最近奥野良之助《おくのりょうのすけ》氏らは、④これは正しい解釈《かいしゃく》ではないと反論《はんろん》している。氏の著書『磯魚《いそうお》の生態』（創元社《そうげんしゃ》・一九七一年）をみると、まずアメリカのロブソンという人の潜水《せんすい》調査《ちょうさ》による意見が掲《かか》げられているが、この意見によると、弱い魚が数多く群がり集まるのは、護身《ごしん》的には大して意味がないというのだ。

奥野氏もこの説に賛意《さんい》を表し、さらに自分の意見として次のようなことを記している。「カツオの群れの勇ましい狩《か》りをきくと、魚の群れもたいしたものだと思われる方があるにちがいない。一面では、たしかにそのとおりである。しかし⑤別の面ではそうとはいえない。それは、食われるほうの、イワシやアジやイカナゴの身になって考えてみると、すぐわかる。かれらも群れ魚である。［Ｂ］、手もなくダンゴにまるめられ、一尾《いちび》残らず食われてしまうではないか。なまじ群れを作っているばかりに、集団で全滅《ぜんめつ》する。それなら、イワシは、太平洋全域《ぜんいき》に分散して暮《く》らしたほうがよくはないか。いかにスピードをほこるカツオでも、そうなれば手こずることだろう。イワシの群れが、防衛《ぼうえい》力皆無《かいむ》であることは事実である」

特に最後の「イワシの群れが、防衛力皆無であることは事実である」ときめつけたあたりは、⑥大胆《だいたん》にすぎると思う。というのは、防衛力皆無なら、イワシ類はとうの昔にこの地球上から姿《すがた》を消してしまっているはずなのに、いまだ七つの海で相当な数量が現存《げんぞん》しているのはなぜだろうか。

（末広恭雄《すえひろやすお》「とっておきの魚の話」）

＊回游＝魚類などが群れをなして季節によって一定の水域を定期的に移動《いどう》すること。
＊生態学＝生物が自然界で生活している状態を研究する学問。
＊文献＝研究するときに参考とする書物。
＊防禦＝敵の攻撃を防《ふせ》ぎ守ること。

(1) ――線①とありますが、どのように生活する場合ですか。文章中の言葉を使って十字以内で書きなさい。（10点）

場合。

(2) ――線②「イワシ」は、どのような習性をもっていますか。文章中から五十五字以内でさがし、初めの五字をぬき出しなさい。（句読点《くとうてん》も一字に数えます。）（10点）

(3) ――線③「鳥付漕釣漁業という漁法」は、イカナゴのどのような習性を利用したものですか。文章中の言葉を使って書きなさい。（10点）

（　　　）

(4) A・B に入る言葉を次から選び、記号で答えなさい。（20点／一つ10点）

ア そして　イ しかし　ウ だから　エ つまり

A（　）　B（　）

(5) ――線④「これ」の指す部分を文章中から十九字でさがし、初めの五字をぬき出しなさい。（10点）

(6) ――線⑤とは、どのようなことをいっているのですか。文章中の言葉を使って書きなさい。（15点）

（　　　）

(7) ――線⑥「大胆にすぎる」の文章中での意味とほぼ同じ意味の言葉を次から選び、記号で答えなさい。（10点）

ア すばらしい　イ するどい
ウ 正しくない　エ つまらない

（　）

(8) 次のア〜ウをこの文章の展開《てんかい》の順にならべなさい。（完答15点）

（　→　→　）

ア 弱い魚が群れても敵への効果はないと反対の説を示す。
イ 弱い魚は元来群れで回游する種類もあり、敵の攻撃を受けると群れる。
ウ イワシ類は群れを作るが、海で現存している。

〔富士見丘中（横浜）―改〕

チャレンジテスト⑧

1 次の文章を読んで、あとの問いに答えなさい。

19世紀《せいき》末、アメリカで、「トマトは、野菜か果物《くだもの》か」という裁判《さいばん》がありました。当時、果物なら*関税《かんぜい》がかからず、野菜なら関税がかかるという背景《はいけい》がありました。役人は「野菜」として関税をかけようとし、輸入《ゆにゅう》業者は「果物」と主張《しゅちょう》して税を逃《のが》れようとしました。

裁判の結果は、「この食べ物は、野菜である」となりました。判決《はんけつ》理由は、わかりやすいものでした。「この食べ物は、果樹《かじゅ》園《えん》ではなく、野菜畑で育てられる。また、食後のデザートにはならない」と述《の》べられました。多くの人々が納得《なっとく》する判決でした。

2007年、アメリカのオクラホマ州は、スイカを「州の公式果物」にしようとしました。［A］、すでにイチゴが「州の公式果物」として定められていました。イチゴはバラ科の植物であり、リンゴやナシ、サクランボ、ビワ、モモなどバラ科の果物は多くあります。だからといって、イチゴが果物と認《みと》められたわけではないでしょうが、イチゴが「州の公式果物」としてすでに決まっていたのです。［B］、スイカは果物ではなく、野菜として「州の公式野菜」に認定《にんてい》されました。

この話題が、私《わたし》たちに「［C］は、野菜か、果物か」という疑問《ぎもん》を投げかけました。［D］はキュウリやカボチャと同じウリ科の植物であり、野菜に分類されてもふしぎではありません。しかし、オクラホマ州で、「州の公式果物」に定められているイチゴも、日本では、農林水産省の品種登録のページで「野菜」として扱《あつか》われています。

農林水産省の『農林水産統計用語事典《のうりんすいさんとうけいようごじてん》』では、「野菜とは食用に*供《きょう》し得《う》る*草本性《そうほんせい》の植物で加工の程度《ていど》の低いまま副食物として利用されるもの」と、定義《ていぎ》されています。それに対して、果物については、「果樹は、*木本性《もくほんせい》などの*永年《えいねん》作物のことをいい、その実を果実という」としています。

スイカは、木ではないので、木本性の植物ではありません。農林水産省の定義に従《したが》うと、スイカもイチゴも野菜になります。しかし、スイカもイチゴも、果物屋さんで売られており、果物として流通しています。食品の栄養成分を記載《きさい》している『食品成分表《しょくひんせいぶんひょう》』(女子栄養大学出版部《じょしえいようだいがくしゅっぱんぶ》)でも、スイカとイチゴは、野菜ではなく、果物として扱われています。

そこで、農林水産省は、「野菜」をいくつかに分類し、スイカ、イチゴ、メロンなどを「果実を食用とする野菜」という意味で「果実的野菜」としています。

(田中《たなか》 修《おさむ》「フルーツひとつばなし――おいしい果実たちの『秘密《ひみつ》』」)

時間	30分
合格	80点
得点	点

答え→別さつ22ページ

＊関税＝外国との間で、輸入や輸出をするときにかかる税。
＊供し得る＝役立てることができる。
＊草本性＝植物でくきがやわらかい、草の仲間の性質《せいしつ》のもの。
＊木本性＝植物でくきがかたい、木の仲間の性質のもの。
＊永年作物＝果物やお茶などの、果実や葉を収穫《しゅうかく》し、一度植えたらずっと収穫できる作物。

(1) ――線「『トマトは、野菜か果物か』という裁判」で、A役人、B輸入業者は、どちらだと主張しましたか。また、その目的は何ですか。それぞれ書きなさい。(完答20点)

A役人
主張「(　　　)」目的(　　　)

B輸入業者
主張「(　　　)」目的(　　　)

(2) ――線「『トマトは、野菜か果物か』という裁判」の結果を文章中からぬき出しましょう。また、その判決の理由を、二つに分けて書きなさい。(完答20点)

・裁判の結果
(　　　)

・判決の理由
(　　　)
(　　　)

(3) A・Bに入る言葉を次から選び、記号で答えなさい。(10点／一つ5点)

A(　　)B(　　)

ア そこで　イ つまり　ウ また
エ しかし　オ さて

(4) C・Dには、同じ果物(野菜)の名前が入ります。その名前を文章中からぬき出しなさい。(10点)

(　　　)

(5) イチゴは、次のA・Bでは、それぞれ何として扱われていますか。文章中からぬき出しなさい。(完答10点)

A 日本の農林水産省の品種登録のページ
B 『食品成分表』

A(　　)　B(　　)

(6) 農林水産省では、スイカ、イチゴ、メロンなどを何とよんでいますか。文章中から五字でぬき出しなさい。(10点)

□□□□□

(7) この文章は、フルーツの、どのようなことについて書いてありますか。(　)に当てはまる言葉をぬき出しなさい。(20点)

そのフルーツが(　　　)ということ。

20 伝記

標準クラス

答え→別さつ23ページ

1 次の文章を読んで、あとの問いに答えなさい。

やがて大きくなったフリチョフ＝ナンセンは、クリスチャニア大学で動物学を勉強した。二十歳《はたち》で大学を卒業すると、志望《しぼう》して、あざらしがりの船に乗り、北極海にすむ動物の様子を調べるために出かけた。この航海《こうかい》のとちゅうで、うす緑色にかがやく氷の大陸、グリーンランドを近くに見て、ナンセンは、①このなぞの大陸を探検《たんけん》したいと考えた。

ナンセンは細かい計画を立て、五人の仲間とともに、グリーンランドを横切る探検旅行に出発した。そして、一八八九年、ナンセンは、ついに、雪と氷にとざされたグリーンランドを初めて横切る探検に成功した。その時、ナンセンは二十七歳《さい》だった。

グリーンランドの探検から帰ると、次に、ナンセンは、そのころ世界の探検家たちが目指していた、②北極の探検に出かけようと決心した。

ノルウェーは、ヨーロッパの北の方にある、海に面した、小さい国で、人々は、主に、漁業や貿易《ぼうえき》などの、海で働く仕事で生活していた。だから、ノルウェー人の生活をよくするためには、北極海の深さとか、潮流《ちょうりゅう》の動き、風の方向、魚の種類などを調べることが必要だった。そして、ナンセンは、それらのことをほんとうに明らかにするためには、どうしても北極を探検しなければならないと考えた。

（注）ナンセンはノルウェーの人である。

(1) ――線①「なぞの大陸」とありますが、

①なぞの大陸とはどこですか。

（　　　　）

②ナンセンが、なぞの大陸を探検したいと考えたきっかけは何ですか。

（　　　　）

(2) ――線②「北極の探検に出かけようと決心した」とありますが、ナンセンが決心したのは、どういう考えからですか。

（　　　　）

2 次の文章を読んで、あとの問いに答えなさい。

見わたす限《かぎ》り、さとうだいこんの畑が続いている村の真ん中に、赤れんがの大きな建物が立っている。さとう工場である。高いえんとつから、いつも黒いけむりがもくもくと立ちのぼっている。この工場のとなりに、①マリーの住んでいるズシロフ家のやしきがあった。

マリーは、この家の長女で十八歳になるブロンカと、十六歳になる妹のアンジーヤに、一日七時間教えるのである。そのうえ、自分の勉強もしなければならない。容易《ようい》なことではなかった。しかし、ブロンカもアンジーヤも、マリーによくなついた。家の人も親切であった。苦しいが張《は》り合いのある生活が続いた。

そのうちマリーは、この村の子どもたちが、いつも朝から道ばたで遊んでいることに気がついた。聞いてみると、子どもたちは、ほとんど学校に行っていない。字を読むことも書くことも、知らないのである。

そのころ、ポーランドは、ロシアの支配《しはい》のもとにあった。かねてから、②祖国《そこく》ポーランドの独立《どくりつ》を願っていたマリーは、やがてはそのポーランドを背負《せお》って立たなければならない子どもたちが、③こんなことではいけないと考えた。この子どもたちに、学問への目を開いてやり、ポーランドのために働く心を植えつけてやりたい、とマリーは考えた。

（マリー＝キュリーの伝記）

---

(1) ——線①「マリー」とありますが、

①マリーはどこの国の人ですか。（　　）

②マリーの当時の仕事を次から選び、記号で答えなさい。（　　）

ア さとう工場の工員　**イ** 学校の教師《きょうし》

ウ さとう畑で働く人　**エ** 家庭教師

(2) ——線②「祖国ポーランドの独立」とありますが、マリーは国が独立するためにどうしたいと考えましたか。「と考えた。」に続くように文章中からぬき出しなさい。

（　　）と考えた。

(3) ——線③「こんなことではいけない」とマリーが考えたのは、どんなことでしたか。

（　　）

1 次の文章を読んで、あとの問いに答えなさい。

洪庵《こうあん》は、備中《びっちゅう》(今の岡山県《おかやまけん》)の人である。現在《げんざい》の岡山市の西《せい》北方《ほっぽう》に足守《あしもり》という町があるが、江戸《えど》時代、ここに足守藩《あしもりはん》という小さな藩があって、緒方《おがた》家は代々そこの藩士だった。

父が、藩の仕事で大坂《おおさか》に住んだために、洪庵もこの都市で過《す》ごした。少年のころ、一人前のさむらいになるために、漢学の塾《じゅく》やけん術《じゅつ》の道場に通ったのだが、生まれつき体が弱く、病気がちで、塾や道場をしばしば休んだ。少年の洪庵にとって、病弱である自分が歯がゆかった。この体、なんとかならないものだろうかと思った。

人間は、①人なみでない部分をもつということは、すばらしいことなのである。そのことが、ものを考えるばねになる。

少年時代の洪庵も、そうだった。かれは、②人間について考えた。人間が健康であったり、健康でなかったり、また病気をしたりするということは、いったい何に原因《げんいん》するのか。さらには、人体というのはどういう仕組みになっているのだろう、というようなことを考えこんだ。

この少年は、物事を理づめで考える③たちだった。今の言葉でいえば、□に考えることが好きだったといっていい。

少年は、蘭学《らんがく》とくに蘭方医学を学びたいと思った。

(司馬遼太郎《しばりょうたろう》「洪庵のたいまつ」)

---

(1) ――線①とありますが、洪庵にとっての「人なみでない部分」とはどういうことですか。十字以内で書きなさい。(10点)

□□□□□□□□□□

(2) ――線②とありますが、具体的にどういうことを考えたのですか。二つ書きなさい。(20点/一つ10点)

(　　　　　)

(　　　　　)

(3) ――線③の「たち」と同じ意味で使われているものを次から選び、記号で答えなさい。(10点)

ア たちの悪いいたずら。

イ ぼくたちは同じクラスだ。

ウ かれはそういうことは許《ゆる》せないたちだ。

(　　)

(4) □に入る言葉を次から選び、記号で答えなさい。(10点)

ア 感情的《かんじょうてき》　イ 科学的　ウ 空想的　エ 現実的《げんじつてき》

(　　)

2 次の文章を読んで、あとの問いに答えなさい。

——そうだ。わたしは、これから①恩師《おんし》ウイルソン先生の志《こころざし》をついで、黒人の子どもたちを指導《しどう》しよう。先生やクリスマンさんの恩に報《むく》いるためにも……。学業を終えたメリーは、こう②決心しました。

——リンカーンのおかげで、どれい解放《かいほう》は実現《じつげん》したけれども、黒人は、いまだに白人にいやしめられている。いやしめる白人も悪い。けれども、無学のままでいる黒人も悪い。まず、黒人がかしこくならなければならない。

[　　　　　]

メリーは、新校舎《こうしゃ》のげんかんのとびらの上に、「学ぶために」と書いた額《がく》をかかげました。さらに、そのとびらの内側にも、額をかかげました。内側の額には「社会につくすために」ということばが書かれました。

③メリーの一生の目標は、黒人を保護《ほご》し、人種間の差別をなくすことでした。それには、白人たちにもうったえなければなりません。メリーは学校の仕事ばかりでなく、この主張《しゅちょう》を広く伝えるために、力の限《かぎ》り活動し続けました。

(1) 文章中の[　]に次のことがらを入れるとすると、どんな順《じゅん》序《じょ》で入れたらよいですか。番号をつけなさい。(完答10点)

（ 1 ）そまつな建物を借りた。
（　）新しく大きな学校を建てたいと思った。
（　）たくさんの人の力で校舎が完成し、設備《せつび》も整った。
（　）学校の生徒になる黒人の子をつのった。
（　）となりのごみすて場の土地をゆずってもらった。
（　）入学を希望する者が増《ふ》えてきた。

(2) ——線①「恩師」とはだれですか。(10点)

（　　　　）

(3) ——線②「決心しました」とありますが、

① メリーが決心したことは、どのようなことですか。「ということ。」に続くように十五字以内で書きなさい。(10点)

[　　　　　　　　　　　　　　　]ということ。

② メリーが決心したのは、どういう考えからですか。それが書かれている部分を、「という考え。」に続くように文章中から十七字以内でさがし、初めと終わりの四字をぬき出しなさい。(完答10点)

[　　　　]〜[　　　　]という考え。

(4) ——線③「メリーの一生の目標」は、どんなことですか。(10点)

（　　　　）

21 随《ずい》筆《ひつ》・脚《きゃく》本《ほん》

標準クラス

答え 別さつ24ページ

1 次の文章を読んで、あとの問いに答えなさい。

空は、まぶしい青さである。その空から、小鳥の群《む》れは、すぐに、こぶしの花をみつけて、われさきに集まってくる。にぎやかな小鳥の歌につれて、白い花の一つ一つが、喜びにおどり出すかと思うほど、ゆれている。土橋のひなたで、こまをまわしていたこどもたちは、あきれたようにこぶしをみつめている。そして、思いついたようにさけんだ。「あ、大月山に馬が出た。」こぶしのこずえをこして、はるかに大月山がそびえている。千七百メートルの山の、中ほどから上は、まだ、まっ白である。

しかし、その右かたの所は雪がとけて、馬の形をした山はだが見えてきた。馬の形が見えると、この山里の村では、なわしろに種をおろすのである。

(1) ――線部「馬が出た」とありますが、それはどういうことですか。次から選び、記号で答えなさい。（　　）

ア 山の形が馬のようだということ。
イ 山の向こうから馬がやってくる季節だということ。
ウ 雪のとけた山はだが馬の形をしているということ。
エ こどもたちは馬が好きだということ。

(2) 季節はいつですか。次から選び、記号で答えなさい。（　　）

ア 晩冬《ばんとう》　**イ** 早春　**ウ** 晩春《ばんしゅん》　**エ** 初夏

2 次の脚本を読んで、あとの問いに答えなさい。

使い　おめしでございますか。
王様　うん。ご苦労だが、人間の国へ行って、むやみにおもちゃをこわす子どもを見つけしだい、すぐ、ここへ連れて来るように。
（使い、おじぎをして急いで出て行く。）
王様　その子どもたちが集まりしだい、さいばんを開くことにする。裁判《さいばん》官たちに、ラッパをあいずに、ここにまいるよう、ふれてきてくれ。それまで、わしは、あちらで休息する。

㋐**けらい**　かしこまりました。
㋑**良太**　ここは、どこですか。
使い　おもちゃの国のごてんです。
春子　おもちゃの国ですって？――（辺りを見まわして）どうしてこんな所へ連れて来たんですか。
㋒**使い**　王様のご命令で、おもちゃのさいばんにかけるためです。
良太　おもちゃのさいばんですって？　ぼくたち、そんな悪いことなんて、した覚えはありませんよ。
㋓**使い**　あそこをごらん。けがをしたおもちゃがならんでいるでしょう。

(1)　この場面の場所はどこですか。脚本の中からぬき出しなさい。
（　　　　）

(2)　――線部のように、人物の動作、表情《ひょうじょう》、気持ちなどが書かれている部分を何といいますか。次から選び、記号で答えなさい。
ア　前書き　**イ**　装置《そうち》　**ウ**　せりふ　**エ**　ト《と》書き
（　　）

(3)　この脚本では「時」が大きく変わっているところが一か所あります。脚本の中の㋐〜㋓から選び、記号で答えなさい。
（　　）

3　次は狂言《きょうげん》「清水《しみず》」の一部です。これを読んで、あとの問いに答えなさい。（「**主**」は主人、「**太**」は太郎冠者《たろうかじゃ》のこと。）

主　今のは、確《たし》かに太郎冠者の声じゃ。①なんとした。
太　②ご主人でござるか。あとからだれも追っては来ませぬか。
主　いや、だれも追っては来ぬが、何事じゃ。
太　さても、おそろしいめに遭《あ》いました。
主　早く話してみよ。
太　まず、お言いつけのとおり、すぐに、清水にまいり、水をくもうとしました。すると、むこうの山が、ドドドと鳴って、おそろしいおにが現《あらわ》れ、取ってかもう、取ってかもう、とさけんで、追いかけてまいります。かまれてはたいへんと、あわてて、ここへにげもどってまいりました。

（井関義久《いぜきよしひさ》「清水」）

(1)　太郎冠者は、主人とどのような関係にある人物ですか。次から選び、記号で答えなさい。
ア　となりの人　**イ**　兄弟
ウ　めしつかい　**エ**　友だち
（　　）

(2)　――線①・②の言葉の意味を次から選び、記号で答えなさい。
①（　　）②（　　）
ア　何と言ったか　**イ**　ですか
ウ　どうしたか　**エ**　あるか

時間	30分
合格	80点
得点	点

答え→別さつ24ページ

1 次の文章を読んで、あとの問いに答えなさい。

僕《ぼく》たちは、人ばかり見ていると①人の尺度《しゃくど》でしかものを考えられなくなります。たとえば、地上に出てきてすぐ死んでしまうセミを、よく「かわいそう」と言いますが、本当にかわいそうなのでしょうか。

②確《たし》かにセミは、五年間ほど土の中で幼虫《ようちゅう》時代を過《す》ごして、地上に出てから何も食べずに一週間くらいで死んでしまいます。でも、彼《かれ》らの一生は、地上に出てから始まるわけではありません。土の中で＊悠々自適《ゆうゆうじてき》の生活を送って、それから、土の上に出てくる。幼虫のときも含《ふく》めてすべてが彼らの一生です。地上に出てくれば、もちろん目立つので敵《てき》に狙《ねら》われる可《か》能性《のうせい》も高くなりますが、なぜそんな危険《きけん》を冒《おか》すかといえば、異性《いせい》を求めて交尾《こうび》をして自分の命を次の世代に伝えるため。セミはそのために生きています。

人間は、自分たちが見えるところだけを見て、かわいそうと言ったりしますが、そんなことはないのです。彼らは一所《いっしょ》懸命《けんめい》生きて、命を全《まっと》うしている。キリギリスも、サケも、クマも③みんな同じです。

動物たちを見ていると、［　］人間は特殊《とくしゅ》な生き物だと思います。

それは、人間が特別に優《すぐ》れているという意味ではありません。自分たちの住む環境《かんきょう》をどんどん破壊《はかい》していく珍《めずら》しい生き物だと思うのです。人間は今まで、人間だけのことを考えて発展《はってん》してきました。そして、動物たちの棲《す》む環境を破壊してきました。でもそれは当然のように、自分たちが住む環境を破壊する結果にもなってしまっています。

（小菅正夫《こすげまさお》「命のメッセージ」一部言葉を変えているところがあります。）

＊悠々自適＝自分の思いのままに静かに暮《く》らすこと。

(1) ――線①の説明として適当《てきとう》なものを次から選び、記号で答えなさい。（10点）（　　）

ア 動物たちをいつもかわいそうだと思うこと。

イ 動物がもつ能力を人間より下だと考えること。

ウ 動物の行動を人間の見えるところだけで判断《はんだん》すること。

エ 動物に対して思いやりの気持ちをもてないこと。

(2) ――線②「確かに」は、どの言葉にかかっていますか。次から二つ選び、記号で答えなさい。（20点／一つ10点）（　　）（　　）

ア 過ごして　イ 出てから
ウ 何も食べずに　エ 一週間くらいで
オ 死んでしまいます

(3) ——線③は、どういうことが同じなのですか。(10点)

（　　　　）

(4) □に入る言葉を次から選び、記号で答えなさい。(10点)（　）

ア なかなか　イ はっきり
ウ まあまあ　エ つくづく

2 次の脚本を読んで、あとの問いに答えなさい。

〔日本大豊山女子中―改〕

〔①〕（人のよい笑顔《えがお》で）こんにちは。（明子《あきこ》を認《みと》めて）[A]明ちゃん、ごきげんよう。（ふろしき包みをかたわらのいすの上に置く）

〔②〕（B）あーら、おばさん。（立ち上がって）いらっしゃい。しばらく、みなさん、お元気ですって。

〔③〕ええ、おかげさまで。

〔妹〕こんなきれいなきくを頂《いただ》いたわ。

〔　〕まあ、[C]。

〔④〕うちの庭で咲《さ》いたのよ。きれいでしょ。

〔⑤〕毎年よく咲かせるなあ。

〔⑥〕じゃ、ごゆっくり、また、後でね。

〔姉〕ああ清《きよ》ちゃん。後でわたしが生《い》けるからね。しばらく水につけておいてちょうだい。

(1) この脚本はア～エの四人が登場します。脚本の中の〔①〕～〔⑥〕の会話は、次の四人のだれの発言ですか。記号で答えなさい。(30点／一つ5点)

①（　）②（　）③（　）④（　）
⑤（　）⑥（　）

ア 父　イ おばさん　ウ 明子(姉)　エ 清子《きよこ》(妹)

(2) [A]・[C]に入るふさわしい言葉を次から選び、記号で答えなさい。(10点／一つ5点)　A（　）C（　）

A｛ア やあ　イ あら　ウ ねえ　エ あのう
C｛ア きれいだなあ　イ きれいでございますね　ウ きれい　エ きれいだよ

(3) （B）には話し手の様子を説明する言葉が入ります。次から選び、記号で答えなさい。(10点)（　）

ア おどろきあわてた顔で
イ おもしろくてたまらない顔で
ウ うれしそうな顔で
エ つまらなそうな顔で

22 記録文・観察文

標準クラス

1 次の文章を読んで、あとの問いに答えなさい。

六月十二日、教室に新しく備《そな》えつけた水そうに、ひめだかのおすとめすを二ひきずつ入れました。どれも二・五センチから三センチぐらい、きれいなうすだいだい色です。せびれにおびれ、むなびれなどもちゃんとあって、小さいながら一人前のすがたをしています。えさは、かつおぶしの粉《こな》、ぼうふらなどです。小さい体に似《に》あわず、食いしんぼうだなと思いました。えさをやると、われさきに寄《よ》ってきて食べます。六月十五日の昼すぎ、二ひきがならんで泳いでいました。めすは、おなかが大きくふくらんでいました。六月十六日の朝、たまごをみつけました。たまごは、親のはらに七つか八つぐらい、糸のようなものでくっついていました。一つのたまごの大きさは、直けいが一ミリぐらい、球の形をしていて、水のあわのようにすきとおっていました。昼ごろ見ると、たまごはもう、親のめだかのはらにはなくて、水草のあちこちについていました。六月十七日になると、大事件《じけん》がもちあがりました。確《たし》かに水草についていたはずのたまごが、いくらさがしても見つからないのです。六月二十日にも、十五個《こ》ほどのたまごが水草につきましたが、あくる朝になると、またなくなっていました。本によると、親がたまごを食べてしまうことがあるそうです。

(1) 次のことがらは観察したことを箇条書《かじょうが》きにしたものです。正しい順序になるように番号をつけなさい。

(　)たまごがなくなっていた。

(　)ひめだかのおす二ひき、めす二ひきを水そうに入れた。

(　)水草のあちこちにたまごがついていた。

(　)親のはらにたまごが糸のようなものでくっついていた。

(　)めすのおなかが大きくふくらんでいた。

(2) ――線部「大事件」とは、どんなことですか。

(　　　　)

(3) 水草についていたたまごがなくなったのは、何がどうしたからだと考えられますか。文章中の言葉を使って書きなさい。

答え▶別さつ25ページ

(4) 筆者の感想が書かれた一文をさがし、初めの五字をぬき出しなさい。

□□□□□

2 次の文章を読んで、あとの問いに答えなさい。

説明が終わってから、工場に案内され、製造《せいぞう》の工程《こうてい》を見せてもらった。

● 型《かた》吹《ふ》き製法

① るつぼがま――原料を混《ま》ぜ合わせてとかす、ほぼ円型《えんけい》のかまである。十の口があり、中は千三百〜千四百度の高温で、真っ赤な液状《えきじょう》のものがにえたぎっていた。

② 型吹き――台つきのワイングラスを、五人一組で作っていた。まず、吹きざおという一・二メートルぐらいのステンレスのパイプの先で、るつぼがまから、真っ赤にとけたガラスをまき取る。そして、それを水そうの中にある型に入れ、パイプの上の口から息を吹きこむ。これで、カップの部分ができあがる。次に、その吹きざおを作業台の上にねかせ、別のさおで、とけたガラスをカップの底につけて引きのばし、細い足の部分を作る。そして、さらに、別のとけたガラスを足の部分につけ、こてを使いながら、グラスの台の部分を作る。ガラスは、六百度になると、固まってしまう。八百度ぐらいのときが、最も細工しやすいそうだ。この作業中は、グラスの厚《あつ》さが不均等《ふきんとう》になったり、形がゆがんだりしないように、絶《た》えず、吹きざおを回していた。

(1) 工場で、何の製造工程を見学しましたか。

（　　　）

(2) 作業が進められている順に、番号をつけなさい。

（　）カップの部分を作る。
（　）グラスの台の部分を作る。
（　）吹きざおで真っ赤にとけたガラスをまき取る。
（　）グラスの細い足の部分を作る。

(3) 文章中から「伝聞《でんぶん》(人から聞いたこと)」の文をさがし、初めの五字をぬき出しなさい。

□□□□□

(4) ――線部「絶えず、吹きざおを回してい」るのは、なぜですか。文章中の言葉を使って書きなさい。

（　　　）

22 記録文・観察文

ハイクラス

時間 30分　合格 80点　得点　　点

答え→別さつ25ページ

1 次の文章を読んで、あとの問いに答えなさい。

島根《しまね》県の津和野《つわの》町は、郷土色《きょうどしょく》の豊《ゆた》かな町として知られている。わたしは、つゆあけの七月二十日にたずねてみた。それは、ちょうど夏祭りの日だった。

町の中心を通っている道を歩いていると、城下町《じょうかまち》のおもかげがうかがわれる。昔、家老の住んだ家の古い門構《もんがま》えや、白いへいが今も残っている。この道にそって水の流れているほりわりには、マゴイやヒゴイがたくさん泳いでいる。わたしの足音を聞いて、何びきか寄《よ》ってきた。人によく慣《な》れている①らしい。

津和野の町の人たちは、コイをかわいがり、自分の家の池にも何百ぴきとかっている人が少なくない。人口はわずか七千人ほどの町だが、コイの数はその十倍以上だといわれる。

津和野の夏祭りを見に来たわたしは、弥栄《やさか》神社へと向かった。神社はうす暗い森の中にあった。はいでんの前には、かみしもすがたの老人や、白いサギの頭をかぶり、背中《せなか》にヒノキの板のつばさをつけた二人の若者《わかもの》がいた。笛やたいこを持った人たちも加えて、総勢《そうぜい》二十五人ほどであった。この人たちは、おまいりがすむと、二わのめすとおすの②白サギになる若者を囲《かこ》んで半円形を作った。これから神さまにサギの舞《まい》をささげるのだ。

(1) 「わたし」は、①いつ、②どこを、③何のためにたずねましたか。(30点／一つ10点)

①（　　　）

②（　　　）

③（　　　）

(2) ――線①「らしい」と同じはたらきをするものを次から選び、記号で答えなさい。(10点)（　　　）

ア Aさんは、はきはきしていてとても男らしい。

イ あの子は、かわいらしい子だ。

ウ 向こうからやってくるのは、Bさんらしい。

(3) ――線②には、どんな人たちが参加しますか。(15点)

（　　　）

2 次の文章を読んで、あとの問いに答えなさい。

私《わたし》は刑事物《けいじもの》のテレビドラマをよく見ます。ドラマの中で、「現場《げんば》百回」とか、「捜査《そうさ》に行き詰《づ》まったら現場に戻《もど》る」というセリフをよく聞きます。現場とは、もちろん、事件現場《じけんげんば》です。「犯人《はんにん》の手がかりは事件現場にあり」というわけです。

自然科学の研究は、刑事の仕事と一脈《いちみゃく》通じるところがあります。姿《すがた》を見せぬ犯人（自然現象《げんしょう》）を執拗《しつよう》な捜査（研究）によって追いつめる点が似《に》ているのです。気象学《きしょうがく》には「観天望《かんてんぼう》気《き》」という言葉がありますが、この言葉は現場百回と似ています。「空を観察することによって気象の情報《じょうほう》を得《え》る」という意味です。空を眺《なが》めることが気象研究の原点なのです。

私は、長年、気象の研究に従事《じゅうじ》しましたが、天気シェフ＊の尻尾《しっぽ》をつかんだという気分にはなれませんでした。そこで、定年を機《き》に、現場に戻ることにしました。①自宅《じたく》の屋根に、天文台ならぬ雲見台を作り、毎日、空の変化を観察することにしたのです。刑事の仕事でいえば「張《は》り込《こ》み」です。犯人が現《あらわ》れるかもしれない場所に張り付いて、じっと見張《みは》るのです。

朝から日没《にちぼつ》までの空の変化を三年間観察しました。といっても、四六時中、雲見台から空を見ているわけにもいきません。朝、目がさめると、雲見台にビデオカメラをセットし、雲の変化を撮影《さつえい》します。日没《にちぼつ》後に回収《かいしゅう》し、早回しで再生《さいせい》すれば、短時間で朝から日没までの雲の変化が観察できます。撮影には、コマ撮《ど》り機能《きのう》のついたビデオカメラを使用しました。二秒間隔《かんかく》で撮影し、一秒間に三〇コマで再生すると、六〇倍速になります。②この方法で、朝から日没までの雲の変化を約一〇分間で観察できます。

（木村龍治《きむらりゅうじ》「天気ハカセになろう　竜巻《たつまき》は左巻《ひだりま》き？」）

＊天気シェフの尻尾をつかむ＝天気のことをきまぐれなシェフ（料理長）にたとえて、天気がどうなるかを予測《よそく》するという意味。

---

(1) 自然科学の研究と刑事の仕事とは、どういう点が似ていますか。文中からぬき出しなさい。（15点）

（　　　　　　　　）

(2) ——線①「自宅の屋根に……観察する」とありますが、筆者はこのことを何とたとえて表現していますか。その言葉を、文章中から四字でぬき出しなさい。（10点）

□□□□

(3) ——線②「この方法」とはどのような方法か、次の言葉に続けて、「雲の変化」という言葉を使って三十字以内で書きなさい。（20点）

コマ撮り機能のついたビデオカメラを使用して、

23 日記・手紙

標準クラス

1 次の日記文を読んで、あとの問いに答えなさい。

友だちと家庭教師《きょうし》をたのむ相談をして帰ったが、またしても家で反対された。「自分の力でできない者が他人の力をかりてできるはずがない。2×3=6 ということをならったら、自分で努力して 3×2=6 というやり方を見つけ出してこそ、自分の力になるのではないか。」と父に言われた。

また、「わからないことは、お父さんに聞けばいいのに。」と母は言うけれど、わが家の家庭教師は、最近あまりあてにならないし、ふたことめには、自分で調べろというし、やっぱり、自分でがんばるより手はないかな。

(1) ——線部「わが家の家庭教師」とはだれですか。

（　　　　）

(2) 日記を書いた人は、けっきょくどう思ったのですか。次から選び、記号で答えなさい。（　　）

ア 家庭教師をたのむことに決めた。

イ 他人にたよらず、自分でがんばるしかない。

ウ わからなければ父や母に聞けばよい。

2 次の日記文を読んで、あとの問いに答えなさい。

六月二十三日(水)　雨

①朝、テレビで、きのうの、九州の大雨のニュースを見た。②流されていく家もうつった。③災害地《さいがい》の人たちは、どんなに悲しいことだろう。④決して決かいしないてい防《ぼう》をつくることができないものだろうか。⑤夜、洋一《よういち》さんが、バナナを持ってきてくれた。

(1) 話題がかわっている文はどれですか。文の番号で答えなさい。

（　　）

(2) 〰〰線あ・いは、どのような表し方をしていますか。次から選び、記号で答えなさい。

あ（　　）　い（　　）

ア 願いをこめた表し方。

イ 空想した表し方。

ウ 心情をおしはかった表し方。

答え→別さつ25ページ

3 次の手紙文を読んで、あとの問いに答えなさい。

[1] 先生、お変わりありませんか。先生とお別れしたのは、ついこの前のように思われますのに、はや一年たちました。母はときどき、「中山《なかやま》先生は、お元気かねえ!」と思い出したようにいいます。

[2] ぼくたち六年一組はみんな元気です。大宰府《だざいふ》のうめは満開だというのに、この二、三日は真冬の寒さに逆《ぎゃく》もどりして、昨日は朝起きて見ると、庭も屋根もまっ白に雪が積もっていました。

[3] 先生、ぼくらはもうすぐ卒業します。いよいよ四月から中学生です。ぼくはいとこから、東南《とうなん》中の話をよく聞きます。夏休みごろ、父に「良雄《よしお》君のように、東南中にいきたい。」といいましたら、「賛成《さんせい》だな、おまえが望むならひとつやってみろ。」と同意してくれたので、「中学は東南」と決めたのでした。けれども、仲よしの友達はみんな校区の中学校にいくというので、ぼくはまた迷《まよ》いだしました。

[4] 「どっちにしようか」と、全く落ち着かなくなり、せっかく始めた勉強もいいかげんになっていました。正月に良雄君が来て、「どうだ、やっているかい。ぜひ東南に来いよ。」といわれ、ぼくはまたその気になりました。ぼくはこの手紙をさし上げることによって、さらに自分の決心を確《たし》かめたいと思ったのです。こうして先生にお知らせした以上は、もう後へは引かれません。がんばっています。

[5] 入試は三月十日です。算数と理科は自信がありますが、社会、国語は気がかりで、特に苦手の社会が心配です。今年は志願《しがん》者がだいぶ多いと聞いています。合格《ごうかく》発表は翌日《よくじつ》です。もし、ぼくの名まえがあったら、先生にまっ先にお知らせいたします。

[6] 先生、まだ寒さが残っていますから、おだいじにしてください。母からもよろしくとのことです。

さようなら

---

(1) この手紙文は、前から順に前書き(あいさつ)・本文(用《よう》件《けん》)・あと書き(あいさつ)に分けられます。手紙文の構《こう》成《せい》に合うものを次から選び、記号で答えなさい。

ア [1]—[2]・[3]・[4]・[5]—[6]

イ [1]・[2]—[3]・[4]—[5]・[6]

ウ [1]・[2]—[3]・[4]・[5]—[6]

エ [1]—[2]・[3]・[4]—[5]・[6]

（　　）

(2) 筆者が先生に最も知らせたいことは、どういうことですか。「こと。」に続くように十五字以内で書きなさい。

こと。

(3) ——線部「して」を適当《てきとう》な敬語《けいご》を使って、ひらがな四字で書き直しなさい。

時間	合格	得点
30分	80点	点

答え▽別さつ26ページ

1 次の文章を読んで、あとの問いに答えなさい。

先週の金曜日、公園へ遊びに行くとちゅう、思わぬ大失敗をしてしまった。歩きながら、ある家の前に置いてある植木ばちの花の葉っぱをなにげなく引っ張《ば》った。葉っぱがちぎれるだろうという軽い気持ちだった。そのしゅん間、

「バリーン。」

という音に、ぼくはびっくりした。はっと、後ろを見ると、大きな植木ばちと小さな植木ばちが二つ、たおれてわれていたのだ。ぼくはおどろいて、すごいスピードで、その場から①夢中《むちゅう》でにげていた。気がつくと、もうその家からずいぶんはなれた所に立っていた。

「いったい、何ということをしてしまったのだ。軽い気持ちでしたことで、大変なことになってしまった。」

②とこうかいし、どうしたらよいか迷《まよ》ってしまった。あやまりに行くのか、だまってこのままにしておくのか、こまり果てた。でも、自分がしたことだ、やってしまったことはしかたないと思い、あやまろうと心に決めた。でも、③少し不安があった。ほんとうに許《ゆる》してくれるだろうか。もし、許してくれなかったらどうしよう。こわいおじさんだったらどうしよう。どきどきしながらも、その家へ引き返した。ぼくは、その家のげんかんの前で、

「すみません。」

とよんだ。いっこうに返事がない。かぎがかかっていて、留守《るす》だった。葉っぱを引っ張ったばっかりにこんなことになったと思うと、自分にはらが立ってきた。その家の前でしばらく待っていたが、だれも帰ってこなかった。道を通る人が、ぼくの方を見ていくような気がして、散らばった土や植木ばちのかけらを集めることも思いつかなかった。

(1) ——線①とありますが、なぜですか。(10点)

(　　　　)

(2) ——線②とありますが、どんなことをこうかいしたのですか。(10点)

(　　　　)

(3) ——線③とありますが、どういうことが不安だったのですか。(10点)

(　　　　)

2 次の手紙文を読んで、あとの問いに答えなさい。

① 拝啓《はいけい》
彼岸《ひがん》も近ずいて、春らしくなってまいりました。
② おじさまには、長らくお合いしていませんが、その後お元気のことと存《ぞん》じます。
③ さて、今度の春休みに、弟といっしょにおじゃまをしたいのですが、ごつごうはいかがでしょうか。
④ ごめいわくとは存じますが、二、三日おじゃまして、いなかのすみきった空気の中で生活してみたいと思います。
⑤ 父も「気分転かんにいいだろう。よくお手伝いをしてこいよ。」などとおっしゃっています。
⑥ ごつごうがよいようでしたら、いつごろがいいか、日にちなどをお知らせください。
⑦ お願いいたします。
⑧ わたくしも相変わらず元気にくらしていますから、ご案心ください。
⑨ では、お体をお大事に。
⑩ おばさまにどうぞよろしく言ってください。

敬具《けいぐ》

[A]

[B]

[C]

---

(1) ①〜⑩の文で、書く順序《じゅんじょ》を一か所まちがえているところがあります。どの文をどの文のあとへ入れたらよいですか。文の番号で答えなさい。(完答10点)

（　　）の文を（　　）の文のあとへ。

(2) [A]〜[C]に入る言葉を次から選び、記号で答えなさい。(完答20点)

A（　　）B（　　）C（　　）

ア 差し出し人の名前　イ 郵便番号《ゆうびん》　ウ 日付
エ 相手の名前　オ 電話番号

(3) 文章中からまちがって使われている漢字を二字ぬき出し、正しく書き直しなさい。(10点／一つ5点)

□→□・□→□

(4) 文章中からかなづかいのまちがった言葉を一つぬき出し、正しく書き直しなさい。(10点)

（　　）→（　　）

(5) 文章中から、①まちがった敬語《けいご》を使っている部分と②敬語を使ったほうがよい部分をぬき出し、それぞれ三字で正しく書き直しなさい。(20点／一つ10点)

①（　　）→□□□

②（　　）→□□□

チャレンジテスト⑨

答え→別さつ26ページ

時間	合格	得点
30分	80点	点

1 次の文章を読んで、あとの問いに答えなさい。

貧《まず》しい人と同じ物を食べ、同じ所に住んでいるテレサ。どんなにきびしく、つらい生活であっても、テレサの顔からえがおが消えることはない。およそ悲そう感とは反対の、明るくて気さくな、アイディアとユーモアにあふれた人として、だれからもしたわれているのだ。

①こんなエピソードがある。テレサはインド各地で働いているシスターたちと会うため、［A］飛行機に乗るが、そのための費用は［B］少なくない。

「何とか、運ちんを安くしてもらう方法はないものかしら。」

そう考えたテレサは、ある日、飛行機に乗ると、いたずらっぽい目をして、

「目的地に着くまで、わたしをスチュワーデス*にしてください。」

とたのんでみた。［C］世界の聖女《せいじょ》として知られている人のたのみといっても、テレサをスチュワーデスにするわけにはいかない。②航空《こうくう》会社の人は大あわてで、ていちょうに断《ことわ》り、それ以来、テレサが仕事で飛行機に乗るときは無料にすることを約束した。

（真鍋和子《まなべかずこ》「マザー・テレサ」）

*スチュワーデス＝旅客機などの女性客室乗務員。

(1) ――線①「こんなエピソード」から、テレサがどのような人だとわかりますか。文章中から二十五字でさがし、はじめと終わりの五字をぬき出しなさい。（句読点《くとうてん》も字数に数えます。）（完答10点）

［　　　　　］～［　　　　　］

(2) ［A］～［C］に入る言葉を次から選び、記号で答えなさい。（15点／一つ5点）

ア しばしば　イ まるで　ウ いかに　エ 決して

A（　）B（　）C（　）

(3) ――線②「航空会社の人は……断り」とありますが、かれらがテレサのお願いを断ったのはなぜですか。（10点）

（　　　　　　　　）

2 次の文章を読んで、あとの問いに答えなさい。

あまがえるの体は、木の葉の色に変わるということを、おじいさんから聞きました。ぼくは、どのように色が変わっていくのかということにぎもんをもったので、色の変わり方を調べてみようと思いました。

ボール紙で二十五センチの立方体のはこを五個《ご こ》作りました。はこの内側に、それぞれ赤、青、黄、黒、白のつや紙をはり

つけ、はこのふたには金あみを使いました。これは、あかりをじゅうぶんに入れるためです。

はこの準備《じゅんび》ができたので、全部のはこに緑のあまがえるを入れました。一時間後にかえるの変化をみると、青、黄、黒、白のはこのあまがえるは、ほとんどつや紙の色と同じになっていました。赤いはこのあまがえるは、茶色味をおびた赤色に変化しました。

以上で、あまがえるの体の変化については変わりやすい色と、変わりにくい色とがあることがわかりました。

次に黒い布《ぬの》で作ったふくろをあまがえるにかぶせ、赤いはこの中に入れておきました。三十分ぐらいたつと、あまがえるは黒味をおびてきて、一時間後にはまっ黒に変色してしまいました。この実験の結果、あまがえるの体は、目で感じた色に変色することがわかりました。

(1) 何を調べるために実験をしましたか。句読点なしで十四字で書きなさい。(15点)

(2) 実験をするようになったきっかけは何ですか。(10点)

（　　　　）

(3) 実験の結果わかったことを二つ書きなさい。(20点／一つ10点)

（　　　　）

（　　　　）

3 次のお母さんからの手紙を読んで、あとの問いに答えなさい。

パリに来て一週間たちました。有名ながいせん門の近くのホテルにとまり、美しいパリの町を朝に夕にながめて、気持ちよく過《す》ごしました。夜になると、このがいせん門に四方からライトが当てられ、くっきりとうき上がって、たいへんきれいです。市の中央にあるコンコルド広場のふん水のまわりには、ちょうど研ちゃんぐらいの年齢《ねんれい》の男の子が、おもちゃのヨットをうかべて遊んでいました。八月の半ばというのに、パリでは、そろそろマロニエの葉が落ちかけ、秋を思わせる気候です。記念にマロニエの葉を持って帰ります。

(1) どこからの手紙ですか。(10点)

（　　　　）

(2) コンコルド広場の光景で、筆者の心に残ったことを次から選び、記号で答えなさい。(10点)

（　　　　）

ア ふん水があること。
イ ふん水のまわりで遊んでいた男の子のこと。
ウ マロニエの葉が落ちかけていること。
エ 夜、がいせん門にライトが当てられきれいなこと。

チャレンジテスト⑩

答え→別さつ27ページ

時間	合格	得点
30分	80点	点

1 次の文章を読んで、あとの問いに答えなさい。

サトイモ、ニンジン、ゴボウ、ハス。おなじみのお煮《に》しめの材料である。これが畑に生えている姿《すがた》をイメージするのは難《むずか》しくないが、クワイはどうだろう。

お正月前一ヵ月くらい、①ちらっと顔を見せるが、うっかりすると食べそこなってしまう。小さい時、甘《あま》く煮《に》てもらって、②口の中でもぐもぐやっていると、きめの細かい硬《かた》さとうすら苦いうま味は、イモとはちょっと違《ちが》った風味があった。

うま煮《に》も好きだったが、私《わたし》の家では、生のままおろして箸《はし》でざっとまとめて空揚《からあ》げにする。おもに*椀種《わんだね》に使うのだが、うす味で煮《に》れば、年寄《としよ》りの口にも軟《やわ》らかい。そのまま揚《あ》げたてを、つまみにすれば、外はカリカリ内ふんわりで、台所の手伝《てつだ》いをさせられる*役得《やくとく》に、揚げじまいの小さいのを母から貰《もら》うのは、クワイならではのことだった。

この話を若《わか》い女性《じょせい》にしたらば、

「わあーおいしそう。食べてみたい」

「そんならクワイ持っていらっしゃい、作ったげる」

冬になって、まだどこにも出回らないクワイを、彼女《かのじょ》は大切に抱《かか》えてやってきた。見れば立派《りっぱ》な大粒《おおつぶ》、芽は*象牙色《ぞうげいろ》で*藍《あい》ねずの球はつやつやしている。③いい材料に弾《はず》みがついて、久々《ひさびさ》に香《こう》ばしい揚げものを作った。これをどうやって手に入れたかを聞いた。埼玉《さいたま》の農協で調べてもらったという。埼玉なら東京の隣《とな》り、そんな近くで作っているとは知らなかった。

子供《こども》の頃《ころ》、じゃんけんをするとき、

「クワイが芽だした、花咲《さ》きゃ開いた、鋏《はさみ》でちょん切るぞ、えっさっさ」

と囃《はや》したものだった。真冬の収穫期《しゅうかくき》にクワイはすでに芽を出している。花はいつ咲く、鋏でちょん切られるのは何なのだ。馬鹿《ばか》みたいなと笑ったが、どんな景色《けしき》か作っている所へ行ってみたくなった。④ひょうたんから駒《こま》である。

（青木玉《あおきたま》「クワイ」「なんでもない話」所収）

*椀種＝すいものの中に入れる具。
*役得＝その役目についていることで、得《え》られる利益《りえき》やよいこと。
*象牙色＝少し黄色みをおびたうすいはい色。
*藍ねず＝少し青みがかった暗いはい色。

(1) この文章は何という食材について書かれていますか。その食材の名前を文章中からぬき出しなさい。(10点)

（　　　　）

(2) ——線①「ちらっと顔を見せる」とは、ここではどのような意味ですか。次から選び、記号で答えなさい。(10点)

ア お店でたまに見かける。
イ 食事のときにまれに出てくる。
ウ ときどき話題にのぼる。
エ 畑でめずらしく収穫されるときがある。

（　　）

(3) ——線②「口の中でもぐもぐやっている」とは、ここではどのような様子を表していますか。次から選び、記号で答えなさい。(10点)

ア 食事中におしゃべりをしている様子。
イ いきおいよく飲みこんでいる様子。
ウ 口の中でかんで、味わっている様子。
エ かたいものを無理にかじっている様子。

（　　）

(4) ——線③「いい材料」とありますが、その様子が表現《ひょうげん》されている一文を文章中からぬき出しなさい。(10点)

（　　　　）

(5) ——線④「ひょうたんから駒」と同じ意味のことわざを、次から選び、記号で答えなさい。(20点)

ア ねこに小判《こばん》　**イ** 二階から目薬
ウ 月とすっぽん　**エ** たなからぼたもち

（　　）

---

2 次の文章を読んで、あとの問いに答えなさい。

リサイクル施設《しせつ》では、古紙や空きびんを集めてリサイクル製品《せいひん》をつくっています。ほかにも空きかんやペットボトルのリサイクルも行っています。なお、集めた中にリサイクルに向かないものがまじっていたら、手作業で取り除《のぞ》きます。

リサイクル施設の見学で、ごみの分別がとても大事だということがよくわかりました。わたしは、□。

(1) この文章は、どんな体験をもとにして書かれた記録文ですか。(10点)

（　　　　）

(2) ——線「手作業で取り除きます」の部分を、人から聞いた言い方に直して書きなさい。(10点)

（　　　　）

(3) この記録文の最後を、自分の思ったことを書いてまとめます。あなたならどのように書きますか。文章中の□に当てはまるように、三十字以内で書きなさい。(20点)

時間 40分
合格 80点
得点 　点

答え→別さつ27ページ

1 次の文章を読んで、あとの問いに答えなさい。

（エントン池という池でカモの卵《たまご》を見つけたぼくたちは、力を合わせて卵を守ることを決めた。）

ぼくたちはつぎの日から、毎日、交替《こうたい》で池へいくことにした。それとなく卵を監視《かんし》するためであった。

カモをおどかしてはいけないので、カモがさんぽにとびたつまで、*弁天《べんてん》さまの*ほこらのうらで、じっとまっている。

カモは卵をだくのにあきると、池のふちをぶきようにとぶ。黒っぽい羽をばたばたさせながら……。足のオレンジ色が、まるで花でもぶらさげているように、きれいだった。

①カモ当番はそのすきに、そっとのぞいて、いそいでかえってくる。

卵にさわってはいけない約束ができている。人間がいじったりして、親ガモがあたためなくなるといけない。

ある夜、大雨がふった。

つぎの朝の当番はぼくだった。

ぼくはエントン池まできて、びっくりした。水がふえていて、池はひとまわり大きく見えた。

ざぶざぶはいっていくと、カモの巣は水の中にあった。四この卵もとぷんとしずんでいた。

ぼくは卵をすくいあげると、ぬれていない*アシを長ぐつでふみかため、その上においた。

そして、みんなのところにとんでいって、②この一大事をつげた。

「そうか、よし、わかった。うき巣をつくろう。ぼく、本でよんだことがある。やっぱり大雨でつかった水鳥の巣をたすけるはなしだった。」

石井《いしい》くんがいった。

「おい、伸《しん》ちゃん、きみは板をもってこい。いいか、五十センチ四方ありゃ上等。なかったら、もうすこし小さくてもいいや。*すのこでもいいんだよ。それから、うきぶくろのあるうちないか。」

「あるよ。」

ぼくはものおきの中にカタクリ粉《こ》をまぶして新聞紙につつんだ、うきわを思い出した。

「よし、そいつをかしてくれ。うきぶくろを板にとりつけて、その上にワラやアシの葉で巣をつくるんだよ。いくら水がふえてもだいじょうぶだ。」

③ぼくたちの活躍《かつやく》がはじまった。

うき巣は、くいにしっかり、つなで結びつけられた。その上にはカモの卵が四つ、のっかった。

ぼくたちの心配は、カモがうき巣を警戒《けいかい》しないだろうかということだった。

しかし、ぼくらが、弁天堂《べんてんどう》のうらに白川《しらかわ》くんひとりを見はりにのこしてかえりかけたところ、

「おーい、おーい。」

と、白川くんがかけてきた。

カモの親はもどってきて、うき巣の上の卵にのっかったというのだった。

④「ちぇっ、カモのやつ、心配かけやがって、まるでさ、前の巣とぜんぜんかわってないって顔してやがったぞ。」

ぼくたちは思わず、

「ばんざい」とさけんでしまった。

けれども、まるっきり心配がなくなったわけではない。今度は水につかった卵がかえるかどうかという気がかりがあった。

カモはそれから、何日か、卵をあたためていた。

（岩崎京子《いわさききょうこ》「かもの卵」）

＊弁天さま＝女性《じょせい》の神様の名前。水辺にまつられることが多い。
＊ほこら＝神様をまつる小さなやしろ。
＊アシ＝水辺にむらがって生える、イネの仲間の草。
＊すのこ＝細い板をすき間を作ってならべてくぎでとめたもの。

---

(1) ――線①「カモ当番」とありますが、どんなことをするのですか。文章中から六字でぬき出しなさい。(10点)

□□□□□□こと。

(2) ――線②「この一大事」とは、どのようなことですか。(10点)

（　　　　）

(3) ――線③「ぼくたちの活躍」とありますが、どんなことをしたのですか。(10点)

（　　　　）

(4) ――線④「ちぇっ、カモのやつ、……顔してやがったぞ」と言ったときのぼくたちの気持ちを次から選び、記号で答えなさい。(5点)

ア　カモの態度《たいど》を見て、自分たちの行動をくやんでいる。
イ　別の方法でカモを助ければよかったと思っている。
ウ　卵はほんとうにだいじょうぶか、不安に思っている。
エ　カモの態度にあきれながらも、卵が助かり喜《よろこ》んでいる。

（　　）

2 次の文章を読んで、あとの問いに答えなさい。

人間の脳《のう》は、一生挑戦《ちょうせん》し続ける。自分の夢《ゆめ》を実現《じつげん》し、幸せになりたいと思うのは誰《だれ》にとっても人情《にんじょう》というものだが、必ずしもうまくいくとは限《かぎ》らない。

どんなに努力しても、試みを重ねてもどうしてもうまくいかないことはある。脳は、成功体験を通して成長する。しかし、その最初の一歩となる「小さな成功体験」さえ持てないときがある。□持っていても、そのことに気付けない場合もある。そのようなとき、私《わたし》たちは、社会の中で自分をどのように位置付けるべきか、悩《なや》み始める。

とりわけ、周囲との関係がうまくいかないときには、私たちは重大な「魂《たましい》の危機《きき》」に陥《おちい》る。幼《おさな》いときに自分を支《ささ》えてくれるはずの親が、必ずしも頼《たよ》りにならない。社会の中で結び付く人々との関係に、*齟齬《そご》をきたす。そのようなときに、脳は苦境《くきょう》に立つ。人は、関係性《かんけいせい》の中に自分を見いだすものだからである。それでも、人生は続く。何とか生きていかねばならない。*存《なが》える術《すべ》を見いださなければならない。その際《さい》に、助けになる「*認知的技術《にんちてきぎじゅつ》」の一つが「笑い」である。

「笑い」は、気楽なもののようにも見える。なかには、*おちゃらけていると感じる人もいるかもしれない。しかし、本当は、「笑い」の背後《はいご》には厳《きび》しい人生の現実《げんじつ》がある。不安がある。恐怖《きょうふ》さえある。「笑い」は、存在《そんざい》を脅《おびや》かす事態《じたい》に対して脳が「*機能不全《きのうふぜん》」に陥《おちい》らないための、一つの*安全弁《あんぜんべん》である。そして、「笑い」は、私たちが生きるエネルギーを引き出すことのできる、尽《つ》きることのない*源泉《げんせん》なのだ。

（茂木健一郎《もぎけんいちろう》「挑戦《ちょうせん》する脳《のう》」）

*齟齬をきたす＝食いちがって合わなくなる。
*存える術＝長く生き続ける方法。
*認知＝たしかにそうであるとみとめること。
*おちゃらけている＝じょうだんを言ってふざけている。
*機能不全＝はたらきが十分でないこと。
*安全弁＝危険《きけん》な状態《じょうたい》におちいらないようにはたらくもの。
*源泉＝ものごとが起こるもと。

(1) □に当てはまる言葉を次から選び、記号で答えなさい。（　）（5点）

ア だから　イ しかし　ウ たとえ　エ もし

(2) ――線「その際」とは、どのようなときですか。（10点）

（　　　）

(3) この文章で、筆者は人間の脳にとって何が大切だと述べていますか。文章中からぬき出しなさい。（10点）

（　　　）

(4) (3)で答えたそれはどういうものですか。文章中から二つぬき出しなさい。（10点／一つ5点）

（　　）

（　　）

3 次の詩を読んで、あとの問いに答えなさい。

山頂《さんちょう》　原田直友《はらだなおとも》

すんだ青空よ　高い山の頂上《ちょうじょう》よ
その頂上に立って　ぼくらは口々にさけぶ
おうい　やっほう　やっほう

どうしてだろう　なぜだろう　大声でどなりたくなるのは……

ぼくの家はあのあたり
学校が見える　役場が見える　お宮の森が見える
ひとすじ川が細く光って流れている
その土手をけむりをはきながら汽車がのろのろ走っていく

おうい

ぼくらは手をふる　ハンカチをふる
向こうから見えないと知っていながら
ああ　なぜ
こんなに手がふりたくなるのだろう　よんでみたいのだろう

おうい
やっほう　やっほう　やっほう

(1) この詩は何連（まとまり）から成っていますか。漢数字で書きなさい。（5点）

□連

(2) この詩に使われている表現技法《ひょうげんぎほう》を次から二つ選び、記号で答えなさい。（10点／一つ5点）

ア 倒置法《とうち》　イ 直ゆ　ウ 暗ゆ　エ 反復法《はんぷく》

（　　）（　　）

(3) 山頂から見えたものが書いてあるのは、第何連ですか。漢数字で書きなさい。（5点）

第□連

(4) この詩で表現されているのは、どのような気持ちですか。次から選び、記号で答えなさい。（10点）

ア 山登りの苦しさにがまんして絶えている気持ち。
イ 山頂からのけしきを見て、不思議に思う気持ち。
ウ 山頂から下界を見下ろしたときのすがすがしい気持ち。
エ もっと高い山の山頂を目指したいと強く思う気持ち。

（　　）

総仕上げテスト②

答え 別さつ28ページ

時間	合格	得点
40分	80点	点

1 次の文章を読んで、あとの問いに答えなさい。

いかにも弱よわしい柳《やなぎ》の枝《えだ》に、雪がたわわにつもる。「もう折れそうだ」と思って見ていると、じゅうなんなその枝は、はらりと重い雪をふり落とす。細い柳の木は、なにごともなかったかのように、①優美《ゆうび》なすがたで立っている。

また、これとはぎゃくに、がっしりとした大木の大枝が、雪のためにむざんに折れてしまっているのも、見かけるのである。

②このことわざは、じゅうなんなもののほうが、③かたいものよりかえって、ものごとにたえることができる、と教えている。

これは、人の健康にもあてはまると思う。

生まれつき頑健《がんけん》な人が、はげしいスポーツをつづけていたが、思いもかけぬほど早く、病気でこの世を去ってしまった例は少なくない。こういう人は、生き方に、じゅうなんさ、しなやかさを欠いていたのではないだろうか。

では、じゅうなんさ、しなやかさとはなんだろう？

それは、心をすなおにして、しぜんにのびやかに生きることだと思う。

心をかたくして、つっぱっていると、じぶんの健康状態《じょうたい》もわからなくなってむりをするが、心がしなやかさを取りもどすと、今まで気づかなかったことまで、はっきりと見えてくるのである。

緑の葉をつけて、大風にもしなやかにゆれている柳。また、ふりしきる雪のなかでも、葉を落として絹糸《きぬいと》のように、すっきりと立っている柳。④柳は、わたしたちにさまざまなことを教えてくれる。

（中沢《なかざわ》坙夫《みちお》「心と体をきたえよう」）

(1) ――線①・③のそれぞれの反対の意味を表す言葉を、文章中からぬき出しなさい。（12点／一つ6点）

① （　　　）

③ （　　　）

(2) ――線②「このことわざ」とは何ですか。次から選び、記号で答えなさい。（6点）　（　　）

ア うどの大木《たいぼく》

イ 柳に雪折れなし

ウ 骨折《ほねお》り損《ぞん》のくたびれもうけ

(3) ——線④とありますが、柳が教えてくれることを文章中からぬき出しなさい。（6点）

（　　　　）

2 次の文章を読んで、あとの問いに答えなさい。

＊屋久島《やくしま》には、それぞれの里に、サルとりの名人といわれる狩人《かりゅうど》がいる。永田の里に住む松田大六《まつだだいろく》も、名人といわれた狩人であった。サルをとるといっても、鉄砲《てっぽう》でとるのではない。屋久島のサルとりの狩人のところにくる注文は、サル使い、病院、動物園などから、①生きたサルを、と言ってくるのだ。だから、島のサルとりの狩人たちは、サルを生けどりにしなければならなかった。

そしてまた、ここの狩人たちは、子ザルがほしいといえば子ザルを、メスザルがほしいといえばメスザルを、注文主のいうとおりに送りとどけるのだ。だから、屋久島の狩人は、「あの島の狩人なら、まちがいない」と、日本各地のサル使い、動物園でも、②たいへん評判《ひょうばん》がよいのである。

そういう狩人の中でも、大六はとくに評判がよかった。大六は注文どおりのサルを生けどっても、③いつもすぐには注文主に送ろうとはしなかった。まず、生けどったあヤセイのサルをいヘヤの中に放す。サルはキバをむいて大六にとびかかってくる。大六は「さあこい」というように、サルに立ち向かって、組みうちをする。肩《かた》や腕《うで》をひっかかれたり、かみつかれたりして、血だらけになる。④そんなことでは、大六は⑤ひるまない。何しろ、人間の方が、サルよりずっと力があるので、最後には、サルを組みふせてしまうことになる。そして、後ろからサルの首根っこにかみつくのだ。力いっぱいにかみつくのだ。三分ばかりかみついたままでいる。するとサルは、のどの奥《おく》で低いうなり声を立てながら、口をとんがらせる。これは「いやあ、まいった、まいった。これからは、あんたの言うことは、何でもききます」という、⑥サルの合図なのだ。

大六は、何十年とサルを相手にしているうちに、どうすれば、サルがなつくかということを、自然にう覚えこんだのである。大六は、どんなあばれザルでも、一日で手なずけることができたのである。こうしておいて、餌《え》づけをする。人間の食べるものは何でも食べるようにしつける。こうしておけば、誰《だれ》の手にわたっても、サルは食べ物に⑦不自由しないし、飼《か》い主も楽だからである。

（椋《むく》 鳩十《はとじゅう》「ヤクザル大王」）

＊屋久島＝鹿児島《かごしま》県にある島。

(1) 〜〜線あ・いのかたかなは漢字になおし、うの漢字は読みがなを書きなさい。（12点／一つ4点）

あ（　　） い（　　）

う（　　え）

(2) ——線①とありますが、このあとにはどのような言葉が続くと考えられますか。十字以内で書きなさい。（7点）

(3) ——線②とありますが、その理由を文章中の言葉を使ってわかりやすく説明しなさい。（7点）

（　　　　）

(4) ——線③とありますが、その理由を次から選び、記号で答えなさい。（6点）（　）

ア 弱っているサルを元気にしたかったから。

イ 大六は、自分が名人であることをじまんしたかったから。

ウ サルを人間になれさせるための時間をとるから。

エ 大六はサルが好きで、一日でも長くそばに置きたかったから。

(5) ——線④の指す内容《ないよう》を文章中から三十字以内でさがし、初めの五字をぬき出しなさい。（6点）

(6) ——線⑤「ひるまない」の意味を次から選び、記号で答えなさい。（6点）（　）

ア 泣かない　　イ くじけない

ウ おこらない　　エ 身がまえない

(7) ——線⑥とは、どんな行動をいっていますか。文章中から三十字以内でさがし、初めの五字をぬき出しなさい。（6点）

(8) ——線⑦のように、「不」という漢字をつけることで反対の意味を表す熟語《じゅくご》を次から選び、記号で答えなさい。（6点）（　）

ア 常識《じょうしき》　　イ 完成

ウ 意味　　エ 自然

〔浪速中―改〕

3 □には体の一部分を表す言葉が入ります。漢字一字を書き、慣用句《かんようく》を完成させなさい。（20点／一つ4点）

（慣用句）　　（意味）

(1) □がかたい……言ってはならないことはけっして言わない。

(2) □につく……うんざりする。

(3) □をくわえる……うらやましく思うが手が出せない。

(4) □を長くする……待ちわびる。

(5) □にあまる……自分の力ではどうしようもできない。

〔浪速中―改〕

ひっぱると，はずして使えます。

ハイクラステスト 小5

読解力

答え

答え

小5 ハイクラステスト 読解力

読みの手がかり① 1 言葉の意味

標準クラス

2〜3ページ

1 (1)①公園 ②講演 ③公演 (2)①機関 ②器官 ③期間 (3)①成算 ②清算 ③精算

2 (1)反省 (2)観察 (3)予約 (4)伝記 (5)完成 (6)決断

3 (1)落選 (2)卒業 (3)高地 (4)消費 (5)短所 (6)曲線

4 (1)エ (2)ア (3)エ (4)ウ

5 (1)名・無 (2)成・反 (3)高・最 (4)因・結 (5)入・支 (6)散・集

6 (1)未 (2)不 (3)無（不） (4)非 (5)無 (6)不

7 (1)ア・ウ (2)ア・ウ (3)イ・エ (4)ウ・エ (5)ア・エ (6)イ・エ (7)ア・エ

考え方

1 同じ読み方で意味のちがう言葉（同音異義《いぎ》語《ご》）は、たくさんあります。漢字の意味を考えて、覚えるようにしましょう。

2 言葉の意味を理解《りかい》して、文の中で正しく使えるようにしましょう。

3 対義語《たいぎご》は、たがいに反対の意味や対《つい》の意味を表す言葉です。対になる言葉は、合わせて覚えておきましょう。

4 意味のよく似《に》た言葉を類義語《るいぎご》といいます。比《くら》べてみると、それぞれの意味の細かなちがいや、使い方のちがいがよくわかります。

5 対義語の中には、「有名↔無名」「最高↔最低」のように、共通する漢字をふくむものがあります。その場合、他方の漢字は、それぞれ対義語になっていることに注目しましょう。

6 打ち消しの漢字を入れて、正しく読めるようにしましょう。一つの熟語《じゅくご》として、使えるように覚えておきましょう。

7 類義語の問題です。一つの言葉を使って文を作り、その言葉を他の言葉に置きかえて、意味の似ている言葉をさがしましょう。

ハイクラス

4〜5ページ

1 (1)成・分 (2)増・減 (3)平・争 (4)孫・先

2 (1)エ (2)ア (3)エ (4)ア (5)イ

3 (1)禁止 (2)非公式

4 (1)イ (2)エ (3)エ (4)ウ

5 (1)イ (2)エ (3)ア (4)オ (5)ウ

6 ウ

7 (1)同（合） (2)向（志・思） (3)美（利） (4)例（番）

8 (1)敗北 (2)全体 (3)損失（損害） (4)不便

9 (1)未 (2)非 (3)無

考え方

1 対義語を組にして覚えておくようにしましょう。また、漢字も正しく書けるようにしておきましょう。

2 様子を表す言葉でよく似た言い回しの言葉がありますが、正しい意味を知って、文中で正しい使い方ができるようにしましょう。

3 対義語と打ち消しの漢字「非・不・無・未」がつく言葉の問題です。

4 語句《ごく》の意味は、文章中に示《しめ》されている場合は、前後の文から意味を推測《すいそく》できますが、語句単独《たんどく》の出題もあるので、よく問題に取り上げられそうなものは、意味を確《たし》かめておきましょう。

5 外来語の中で、ふだんの会話でもよく使われている耳なれた言葉ですが、意味を正しく知って使うようにしましょう。

6 「明るい」には、①光がじゅうぶん差していて物がよく見える。②よく知っている。③性格《せいかく》が明朗《めいろう》である。④はればれしている。⑤色がくすんでいない。⑥うしろぐらいところがない。というように多くの意味があります。この問題文の「明るい」は②よく知っている。という意味です。**ア**は①、**イ**は③、**エ**は④の意味です。文をよく読んで、どの意味で使われているかを考えるようにしましょう。

7 類義語の問題です。いくつかの言葉は覚えておいて、文章を書いたり、読み取ったりするときに、意味・使い方のちがいを知って、使い分けができるようにしましょう。

9 打ち消しの語のついた言葉も一つの熟語として、意味や使い方も覚えておくようにしましょう。

2 接続語

標準クラス　6～7ページ

1 (1)のに（が）　(2)が（のに）　(3)それから　(4)しかし　(5)ので

2 (1)例姉は山に行った。しかし（だが・けれども・でも）、わたしは海へ行った。
(2)例みんなバスに乗りこんだ。しかし（だが・けれども・でも）、なかなか発車しない。
(3)例風が強くなってきた。しかも（そのうえ）、雨もふってきた。
(4)例朝早く起きた。そして、ラジオ体そうをした。

3 Aオ　Bエ　Cウ

4 (1)それとも（あるいは）　(2)けれども（ところが）　(3)だから（それで）　(4)けれども　(5)しかも（それに）　(6)が　(7)または　(8)それでは

5 (1)例台風が近づいているので、風雨がはげしくなった。
(2)例父は運動が大好きだから、早朝から野球の練習に出かける。
(3)例大雨で、家のうらの川があふれたが、家にひ害はなかった。

考え方

1 言葉と言葉、文と文、段落《だんらく》と段落をつなぐ役目をする言葉を接続語《せつぞくご》（つなぎ言葉）といいます。
主な接続語は次のように分類されます。

①順接（前に述《の》べられている事がらが原因・理由になり、そのあとの事がらが結果・結論になります。）
「だから」「それで」「そのため」「このため」「したがって」「そこで」「すると」「ゆえに」「それゆえに」「それでは」「それなら」

②逆接（前に述べられている事がらと、そのあとに述べられている事がらが、意味のうえで逆になります。）
「しかし」「しかしながら」「ところが」「が」「けれども」「でも」「だけど」「のに」「なのに」「それなのに」「にもかかわらず」「それにもかかわらず」「ものの」「とはいうものの」「それでも」

③並列《へいれつ》（前に述べられている事がらに続けて、後に述べられている事がらを並べます。）
「また」「および」「かつ」「ならびに」「同じく」「同様に」など

④列挙《れっきょ》（前に述べられている事がらに対して、後に述べられている事がらを並べあげるとき、その順番を示します。）
「第一に」「第二に」「第三に」「一点目は」「二点目は」「三点目は」「一つ目は」「二つ目は」「三つ目は」「最初に」「次に」「最後に（はじめに、そのあとに、おわりに）」「一つは」「もう一つは（一点は、もう一点は）」など

⑤添加《てんか》（前に述べられている事がらに、後の事がらを付け加えます。）
「そして」「それに」「それにしても」「ともあれ」「それから」「しかも」「おまけに」「さらに」「そのうえ」「加えて」「それどころか」「どころか」「そればかりか」「そればかりでなく」「その上で」など

⑥対比《たいひ》（前に述べられている事がらと、後に述べられている事がらを比べます。）
「一方」「他方」「逆に」「反対に」「その反面」など

⑦選択《せんたく》（前に述べられている事がらか、後に述べられている事がらか、どちらかを選択します。）
「または」「あるいは」「それとも」「もしくは」など

⑧説明（前に述べられている事がらについての説明を述べます。）
「なぜなら」「というのは」「だって」など

⑨要点《ようてん》（前に述べられている事がらに対して、要点となる事がらを述べます。）

「そのためには」「それには」など
⑩補足《ほそく》（前に述べられている事がらについて補足説明します。）
「なお」「ちなみに」「そもそも」「もっとも」「そのかわり」「実は」「じつのところ」「ただ」「ただし」など
⑪言い換《か》え（前に述べられている事がらを言い換えます。）
「すなわち」「つまり」「要するに」など
⑫例示《れいじ》（前に述べられている事がらについて、例を示します。）
「例えば」「いわば」など
⑬転換《てんかん》（前に述べられている事がらから、話題や状況を変えます。）
「では」「さて」「ところで」「それでは」など
⑭注目（前に述べられている事がらの中から、注目させたい事がらを取りあげます。）
「特に」「とりわけ」「なかでも」「ことに」など

2 同じはたらきをする接続語は複数《ふくすう》あります。たとえば、(1)・(2)の「しかし」は、「けれども・だが」、(3)の「しかも」は、「そのうえ・さらに」などでもつながります。どのようなつなぎ方になっているのかを考えて、適《てき》当《とう》なものを選べるようにしましょう。

3 前後の文をよく読んで、どのようにつながっているかを考えましょう。

4 同じつなぎ方をするものもありますが、その中で字数の合うものを選べるようにしておきましょう。

5 一つの文を二つの文にしたり、二つの文を一つの文にしたりするのに、適当な接続語を使えるようにしましょう。(1)「ので」を「から」、(3)「が」を「けれども」などと答えてもよいでしょう。

ハイクラス　8〜9ページ

1 (1)エ　(2)ウ　(3)オ　(4)ア

2 (1)ウ　(2)ア　(3)イ　(4)エ

3 ウ

4 (1)カ　(2)ア　(3)エ　(4)ウ　(5)イ　(6)オ

5 例ぼくは合唱に賛成しました。しかし、決まったあとでなんだか気分がすっきりしませんでした。

考え方

1 初めの文の文末や次の文の文末をよく見て、つながり方を考えて接続語（つなぎ言葉）を選ぶようにしましょう。

2〜**4** 文章の内容《ないよう》を正しく読み取り、適当な接続語でつなげるようにしましょう。

5 一つの文の中での接続語と、二つの文をつなぐ接続語で、同じはたらきをするものを整理して考えるようにしましょう。「しかし」は、「けれども・だが」などでもよいでしょう。

3 敬語

標準クラス　10〜11ページ

1 (1)発言します　(2)ありました　(3)読みましょう　(4)よんでください

2 (1)お茶を飲まれる　(2)話をされる　(3)名前をよばれる　(4)木を植えられる

3 (1)めしあがる　(2)いらっしゃる　(3)ごらんになる　(4)いらっしゃる（おこしになる・おいでになる・お見えになる）

4 (1)見る　(2)あたえる（あげる）　(3)もらう　(4)いる

5 (1)ウ　(2)イ　(3)ア

6 (1)ウ　(2)イ　(3)ア

7 (1)例お客さまがいらっしゃった。
(2)例田中君のお父さんは俳句をたしなまれる。
(3)例「先生、もうお帰りになるのですか。」

8 (1)例先生が答案用紙を配られた。
(2)旅行中の先生から手紙をいただいた。
(3)先生が望遠鏡を貸してくださった。

考え方

1 敬語《けいご》の中の「ていねい語」に直す問題です。「〜です」「〜ます」「〜でした」「〜ました」「〜でしょう」「〜ましょう」などに言いかえができるようにしましょう。

2 「れる」「られる」を言葉のあとにつけて、尊敬《そんけい》の言い方にする問題です。それぞれつけてみて、正しいものを選びましょう。

3「めしあがる」「おっしゃる」など、尊敬語には特別な言い方があります。ふつうの言い方と特別な言い方をセットにして、覚えるようにしましょう。

4「けんじょう語」とは、相手に対する敬《うやま》いの気持ちを表すために、動作をする人を低めていう言い方です。ふつうの言い方に直すときは、相手を考えず、自分がどうするかを考えるようにしましょう。

5だれが動作をしているのかを考えて、動作をする人を高めているのか、自分を低めているのか、話し相手にていねいに言っているのかで、分けられるようにしましょう。

6「来る」の尊敬語、「行く」のけんじょう語を考えるようにしましょう。

7目上の人や初めて会った人には敬語を使うようにしましょう。(1)は「お客さまが来られた（おこしになった・お見えになった・いらした）。」、(3)は「先生、もう帰られるのですか。」でもよいでしょう。

8(1)・(3)は、だれがという部分が先生にかわるので、尊敬語を使うようにし、(2)はだれからという部分が先生にかわるので、けんじょう語を使いましょう。(1)は、「先生が答案用紙をお配りになった。」でもよいでしょう。

ここに注意

よく使われる敬語は次のとおりです。使い分けが難しいですが、きちんと頭に入れておきましょう。

する→【尊敬語】なさる、される
→【けんじょう語】（自分が一方的に行う場合）いたす、（相手からの許《ゆる》しや好意から行う場合）させていただく
言う→【尊敬語】おっしゃる、言われる
→【けんじょう語】申す、申し上げる
行く→【尊敬語】いらっしゃる、おいでになる
→【けんじょう語】うかがう、参《まい》る
来る→【尊敬語】いらっしゃる、おいでになる、見える、お越《こ》しになる
→【けんじょう語】参る、伺《うかが》う
知る→【尊敬語】お知りになる、ご存《ぞん》じ
→【けんじょう語】存じる、存じ上げる、承知《しょうち》する
食べる→【尊敬語】召《め》し上がる、おあがりになる
→【けんじょう語】いただく、頂戴《ちょうだい》する
いる→【尊敬語】いらっしゃる、おいでになる
→【けんじょう語】おる
見る→【尊敬語】ご覧《らん》になる
→【けんじょう語】拝見《はいけん》する
聞く→【尊敬語】お聞きになる
→【けんじょう語】拝聴《はいちょう》する、うかがう
座《すわ》る→【尊敬語】お掛《か》けになる
→【けんじょう語】お座りする、座らせていただく
会う→【尊敬語】お会いになる、会われる
→【けんじょう語】お目にかかる
伝える→【尊敬語】お伝えになる
→【けんじょう語】申し伝える
わかる→【尊敬語】おわかりになる、ご理解いただく
→【けんじょう語】かしこまる、承知する
読む→【尊敬語】お読みになる
→【けんじょう語】拝読《はいどく》する
与える→【尊敬語】くださる、お与えになる
→【けんじょう語】差し上げる
思う→【尊敬語】お思いになる、おぼし召す
→【けんじょう語】存じる、拝察《はいさつ》する
買う→【尊敬語】お買いになる、お求めになる
→【けんじょう語】買わせていただく
考える→【尊敬語】お考えになる、ご高察《こうさつ》なさる
→【けんじょう語】拝察する、検討《けんとう》いたします
待つ→【尊敬語】お待ちになる、お待ちくださる
→【けんじょう語】お待ちする
帰る→【尊敬語】お帰りになる、帰られる
→【けんじょう語】おいとまする
受け取る→【尊敬語】お受け取りになる
→【けんじょう語】賜《たまわ》る、頂戴する、拝受《はいじゅ》する
利用する→【尊敬語】ご利用になる
→【けんじょう語】利用させていただく

ハイクラス　12〜13ページ

1 (1)Aいらっしゃる　Bおる
(2)Bうかがう（まいる）
(3)Aなさる（される）　Bいたす

2 Aエ　Bア　Cウ

3 (1)おります　(2)くださった
(3)お聞きになって（おたずねになって）

4 (1)Bおっしゃる　Cもうしあげる
(2)Bめしあがっ　Cいただき
(3)Bおいで　Cまいり
(4)Aきく　Cうかがっ（おききし）
(5)Aいく　Cうかがい

5 (1)ウ　(2)ア

考え方

1 同じ言葉であっても、敬語にするとき、だれの動作かによって、尊敬語かけんじょう語に分かれます。相手の場合は「尊敬語」、自分や身内の場合は「けんじょう語」を使います。正しく使い分けることができるようにしましょう。1で出た言葉のほかに、ふつうの言い方で「言う・話す」「来る」「食べる・飲む」などの尊敬語やけんじょう語も調べて覚えておきましょう。

2 親しい人かどうかで敬語の使い方にもちがいが表れます。「ていねいさ」の度合いをかえた言い方ができるようにしましょう。
ア・ウ・エは、本を借りる人の言葉で、**エ→ア→ウ**の順にていねいさが高くなります。**イ**は、本を貸《か》す立場の人の言葉です。注意しましょう。

3 (1)はけんじょう語を、(2)・(3)は尊敬語を使うのが正しい用法です。(1)の「おられます」は、「います」のけんじょう語「おります」と尊敬の言い方「れる」を合わせたものですが、けんじょう語に尊敬の言い方を加えるのは不適当《てきとう》です。けんじょう語は、小学生にはあまり身近な言葉ではありませんが、上手に正しく使えるように練習してみましょう。

4 Aはふつうの言い方、Bは尊敬語、Cはけんじょう語を考えます。どの言葉を問われても答えられるようにセットにして覚えましょう。(5)のB「いらっしゃる」は、ふつうの言い方は「来る」「行く」の両方が考えられますが、Cの字数から考えて、(5)のAは「行く」だということがわかる。

5 会話文の中で敬語はよく使われます。正しい言い方ができるようにしましょう。

チャレンジテスト①　14〜15ページ

1 イ

2 (1)ウ　(2)イ　(3)エ

3 (1)自然　(2)形式　(3)集中　(4)未来

4 (1)①B　②エ　(2)①B　②ア
(3)①A　②ウ　(4)①B　②イ
(5)①B　②ア

5 Aウ　Bオ　Cイ

6 (1)ウ　(2)イ

考え方

1 **イ**は「けんじょう語」を使うところなので、「いただく」が正しい使い方です。**ア・ウ・エ**は、「尊敬語《そんけいご》」を正しく使っています。

2 接続語《せつぞくご》の問題です。内容《ないよう》のむずかしい、長めの文であっても、接続語の入る前後をよく読んで、どのようなつながりをしているかを考えましょう。一つ一つあてはめて、文がつながるかどうかを確《たし》かめるとよいでしょう。

3 対義語《たいぎご》の問題です。まず、かたかなの言葉を漢字に直しましょう。漢字にすると言葉の意味がとりやすくなります。

4 「れる」「られる」の使い方と意味の問題です。「れる」「られる」のどちらを使うかは、それぞれの文にあてはめてみて、自然なつながりをするものを選びましょう。意味はここにあげられている四つがよく問われます。別の言葉に置きかえたり、動作主を考えたりして、意味をとらえましょう。

5 接続語の問題です。接続語の入る前後の内容をとらえ、どういうつながりになっているかを考えましょう。どうしてもわからないときは、それぞれの接続語をあてはめて、自然なつながりをするものを選びましょう。

6 言葉の意味の問題です。一つの言葉に、いくつもの意味をもつものもあるので注意しましょう。(1)の「うく」には、①うかぶ。②ぴたりとくっついていない。③あまりが出る。の意味があります。ここでは③あまりが出る。の意味で使われています。「ういたお金」といった言い方もあることからも考えてみましょう。

ここに注意

漢字から言葉の意味を考えたり、会話によく使われる言葉の意味を正しく理解《りかい》できるようにしておきましょう。また、接続語や敬語の、種類や使い方についても整理して覚え、使えるようにしましょう。

読みの手がかり②

4 慣用句・ことわざ・故事成語

標準クラス

16～17ページ

1 (1)エ (2)ウ (3)カ (4)オ (5)ア

2 (1)ア (2)イ

3 (1)エ (2)ウ (3)エ

4 (1)エ (2)カ (3)ウ (4)サ (5)ケ (6)ア (7)キ (8)オ (9)ク

5 (1)イ (2)オ (3)ア (4)ウ

6 (1)骨 (2)鼻 (3)足 (4)口 (5)耳 (6)目

考え方

1 「ことわざ」の問題です。「ことわざ」とは、昔から言いならわされた言葉で、だれからともなく伝わった短い言葉のことです。その中には、動物名が入ったものもたくさんあります。意味も理解《りかい》するようにしましょう。

2 「ことわざ」には、短い言葉で人をいましめるものがたくさんあります。人のためになり、人の心にふれるものもあります。日常《にちじょう》の生活に役立たせるための意味を考えましょう。(1)と同じ意味を表すことわざには、1の(2)の「かっぱの川流れ」や「弘法《こうぼう》にも筆のあやまり」があります。

3 慣用句《かんようく》の問題です。「慣用句」とは、二つ以上の言葉がひとまとまりになり、ある特別な意味を表す言葉のことです。言葉そのものの意味だけでなく、どんなときに使うのかもとらえて、意味を覚えるようにしましょう。

4 慣用句を使った短文を完成させる問題です。まず、それぞれの慣用句の意味をとらえましょう。**ア**は、安心してたよっていられること。**イ**は、あなどれないこと。**ウ**は、それまでの努力や苦労がむだになること。**エ**は、物事に夢中《むちゅう》になること。**オ**は、あやまちをおかした者がこらしめられること。**カ**は、今か今かと待ちこがれること。**キ**は、はずかしい思いをすること。**ク**は、どうすることもできなくてこまること。**ケ**は、くやしい思いをすること。くやしい思いをがまんすること。**コ**は、道理に合わないことをおし通すこと。**サ**は、大賛成《さんせい》すること。意味がとらえられたら、どれにふさわしいかを考えましょう。

5 故事成語《こじせいご》の意味をとらえる問題です。「故事成語」とは、昔から伝わるできごと（故事）をもとにしてできた言葉のことです。故事成語は、言葉の表面上とはだいぶちがった意味で使われることが多いので注意しましょう。由来（いわれ）や意味を知って、使えるようにしましょう。

6 体の一部分を表す言葉を使った慣用句の問題です。ここでも、字そのものの意味とはちがい、別の意味になっていることをとらえましょう。

ハイクラス

18～19ページ

1 (1)カ (2)ア (3)イ (4)ウ (5)エ (6)オ

2 (1)ウ (2)イ (3)オ (4)ア (5)エ

3 (1)エ (2)ウ (3)ア (4)オ (5)イ

4 (1)身・エ (2)水・カ (3)頭・オ

5 (1)イ (2)エ (3)ウ

6 (1)エ (2)オ (3)ア (4)ウ (5)イ

7 (1)ア (2)カ

8 (1)鼻 (2)首

考え方

1 慣用句の言葉の構成《こうせい》の問題です。「～聞く」という形の慣用句は、(1)のほかにも、「上の空で聞く」「根ほり葉ほり聞く」などたくさんあるので、意味を確《たし》かめて、使い分けができるようにしましょう。

2 慣用句の意味をとらえる問題です。どの慣用句を、どのようなときに、どんな意味で使うかを覚えましょう。(1)は、昔、武士《ぶし》がこうさんするときにかぶとをぬいだことからこの意味になったものです。由来がわかると覚えやすくなるので、調べてみましょう。

3 ことわざの意味の問題です。それぞれのことわざが表す様子を考えてみましょう。たとえば(2)の「二階から目薬」では、階下にいる人が、二階にいる人から目薬をさしてもらうとどんな結果になるか想像《そうぞう》しましょう。目に薬が入ることはほとんど期待できません。そのことから「ききめのうすいこと」だとわかるでしょう。

4 慣用句を完成させ、その慣用句の意味をとらえる問題です。(1)の「身に余《あま》る」は、自分のねうち以上で、自分にはもったいないと、けんそんして相手に感謝《かんしゃ》する気持ちを表します。耳なれない言葉に出会ったら、こまめに辞典をひきましょう。

5 故事成語の意味の問題です。故事成語では、できたときのいわれだけでなく、どのような意味で使われているのかを知ることも大切です。(1)は、ヒツジの頭を看板《かんばん》に出して、実際《じっさい》はイヌの肉を売ったことから、見かけは立派《りっぱ》だが、内容《ないよう》がともなわないことを意味するようになりました。

6 体の一部分を表す言葉を使った慣用句は多いので、それぞれの言い方と意味・使い方を整理しておきましょう。

7 ことわざの中には、ちがう言い方で同じ意味のものもたくさんあります。整理して覚えるようにしましょう。(1)は、木登りのうまいさるでも、ときには木から落ちるように、どんなに上手な人にも失敗はあるものだというたとえです。(2)は、のれんをうでおしても手ごたえがないように、いくら力んでみても、なんの手ごたえもないことのたとえです。

8 体の一部分を表す言葉を使った慣用句です。(1)の「鼻」は、ほかに「鼻つまみ」「鼻であしらう」「鼻にかける」「鼻につく」「鼻もちならない」「木で鼻をくくる」などもあります。意味と使い方を調べてみましょう。

5 文の組み立て

標準クラス　20～21ページ

1 (1)電車が・わたる　(2)犬は・ほえる
(3)バラが・さいた
(4)わたしは・小学生です

2 (1)イ　(2)ウ　(3)ウ　(4)イ

3 (1)ウ　(2)イ　(3)ア　(4)イ・ウ
(5)イ・ウ

4 (1)A ア　B イ・A ウ　B エ
(2)A イ　B ウ・A エ　B カ
(3)A エ　B ウ・A エ　B カ
(4)A ア　B オ・A ウ　B オ
(5)A ア　B オ・A イ　B オ
(6)A ×　B オ

5 (1)ア・ウ・ウ・イ　(2)ウ・ア・ウ・イ
(3)ウ・ウ・ア・イ
(4)ウ・ア・イ・ア・イ
(5)ア・ウ・ウ・イ　(6)ウ・ア・ウ・イ
(7)ア・イ・ウ・ア・ウ・イ

考え方

1 主語と述語《じゅつご》をとらえる問題です。文には、「何が…どうする」「何が…どんなだ」「何が…何だ」の三つの型《かた》があります。「何が(何は・何も)」にあたる言葉を「主語」といい、「どうする・どんなだ・何だ」にあたる言葉を述語といいます。主語と述語は、文の骨《ほね》のようなものです。修飾語《しゅうしょくご》(かざる言葉)をぬいて、考えられるようにしましょう。「速い、新幹線《しんかんせん》は。」のように、言葉の順序《じゅんじょ》が逆《ぎゃく》になっている文以外の、ふつうの文では、述語は文末にあります。述語をまずさがし、その述語に対応《たいおう》する主語を見つけましょう。

2 修飾語がどの言葉を修飾する(説明する・かかる)のかをとらえる問題です。主語・述語には、それぞれを説明する言葉がつくことがあります。それを「修飾語」といいます。修飾される言葉は、ふつう修飾語よりあとにあります。修飾語を見つけたり、その修飾語がどの言葉を修飾している(かかっている・説明している)かを正しくとらえたりできるようにしましょう。それには修飾語と修飾される言葉の組を作り、読んでみて、意味のとおるものをさがしましょう。たとえば、(1)「白いシャツを」と「白い着ている」では「白いシャツを」のほうが意味がとおることがわかるでしょう。

3 2とは逆の、修飾語をとらえる問題です。〰〰線部の言葉は、(2)以外はすべて述語ですので、主語を見つける問題と、とりちがえないようにしましょう。「どのように」どうしたかの、「どのように」の部分を見つけるようにしましょう。⑵は、「こと」を説明している言葉、すなわち「何の」にあたる部分を見つけます。修飾語は、一つの文に一つだけとは限《かぎ》りません。⑷・⑸のように二つ以上あるものもあるので注意しましょう。考え方は**2**と同じで、二語の組を作り、読んでみて、意味のとおるものを選びましょう。⑴を例にとると、「道路が」は主語なので省き、「広い走っている」、「まっすぐに走っている」とでは、後者のほうが意味がとおることがわかります。

4 主語と述語をとらえる問題です。⑴〜⑸の各文には、主語と述語が二組ずつあります。主語になる言葉は、「〜が」「〜は」のほかに、⑸の「父も」「母も」のように「〜も」もあるので注意しましょう。⑶は、主語は一度しか出ていませんが、「買い」「帰った」の主語は、両方とも「わたしは」です。⑷・⑸は、逆に主語は二つあり、述語は共通する「行った」になります。⑹は、主語が明記されていない文です。日本語ではよく主語を省いて話されますが、前後の話の内容《ないよう》から主語がわかります。

5 一文を、主語・述語・修飾語に分ける問題です。まず、主語と述語を見つけ、次に残りの言葉が、主語・述語のどちらの修飾語になるかを考えるようにします。

ハイクラス　22〜23ページ

1 ⑴カ　⑵キ　⑶エ
⑷①ア　②イ　③ウ　④エ　⑤オ
主語カ　述語キ

2 ⑴ウ　⑵エ　⑶エ　⑷イ　⑸エ

3 ⑴行けるだろう　⑵見るのは　⑶流れつく
⑷岩塩が

4 ⑴りんごは・実るだろう
⑵花は・散らなかった
⑶漢字は・文字です
⑷わたしたちは・出しました

5 ⑴ア・ウ・ウ・ウ・ウ・ウ・イ
⑵ウ・ア・ウ・ウ・イ・ウ・イ
⑶ウ・ウ・ア・ウ・ウ・イ
⑷ウ・ア・ウ・ウ・ウ・ウ・イ
⑸ウ・ウ・イ・ウ・ウ・イ

考え方

1 ⑷は、一文の組み立てがわかるように図示《ずし》したもので、文図といいます。まず、文の骨の部分である主語と述語を見つけます。次に、主語・述語以外の言葉が、どの言葉にかかっているかを考えて、文全体の組み立てをとらえられるようにしましょう。

2 修飾される（かかる）言葉をとらえる問題です。修飾語がどの言葉を修飾しているかを考えるとき、修飾語と修飾される言葉の二つの言葉を取り出してつないでみて、意味が通じるかどうかを考えるようにしましょう。たとえば、⑴の場合、「はっきり口に」「はっきりだして」「はっきりいうのは」「はっきりぐあいが」「はっきり悪い」とつないでみて、最も自然な「はっきりいうのは」を選びます。

3 「文節」とは、文をいくつかに切ったとき、一つのまとまりになる、いちばん小さな単位です。ここでは、わかりやすいように、文節の間を空けています。修飾される文節の見つけ方は**2**と同じです。

4 主語と述語をとらえる問題です。ここでは文節に分けられていませんが、文節で答えられるようにしましょう。

5 一文を主語・述語・修飾語に分ける問題です。一つの主語に対して、⑵のように述語が複数《ふくすう》あるものもあります。修飾語には、「どんな」「どこで」「何を」「だれと」「どのように」など、さまざまなものがあります。⑶のように、主語が文のはじめにきていない場合もありますので注意しましょう。⑸には、主語が示《しめ》されていません。主語を補《おぎな》うなら、「わたしは」「ぼくは」などが考えられます。

チャレンジテスト②　24〜25ページ

1 ⑴兄は・買った　⑵わたしは・見た
⑶雨が・ふった　⑷花びらは・ゆれた

2 ⑴用心　⑵失敗　⑶幸運　⑷大差
⑸着実　⑹少量

3 ⑴ウ　⑵イ　⑶ア　⑷イ

4 ⑴エ　⑵ア　⑶イ

5 (1)イ　(2)ア　(3)エ　(4)オ　(5)オ

6 (1)皮算用　(2)灯台　(3)品　(4)石
(5)損気　(6)油

考え方

1 主語・述語《じゅつご》をとらえる問題です。(1)以外は、文のはじめに主語はきていません。修《しゅう》飾語《しょくご》にまどわされずに、「何が…どうした」を見つけることができるようにしましょう。

2 ことわざの意味を短く言い表す問題です。まず、提示《ていじ》された言葉を漢字に直します。そして、ことわざと漢字に直した言葉を対《たい》応《おう》させましょう。日常《にちじょう》的によく使うことわざの意味は調べて、覚えておくようにしましょう。それぞれの意味は次のとおりです。(1)転んでからではつえは役立たないことから、失敗しないように、前もって十分に用心することが大切だということ。(2)泳ぎのうまいかっぱさえ、ときに水に流されおぼれることがあるということから、どんな名人であっても失敗することがあるということ。(3)思いがけない幸運にめぐり合うこと。(4)月とすっぽんとは円い点では似《に》ているが、二つの間には大差（大きなちがい）があること。(5)急ぐときはあわてずに着実な方法をとったほうがよいということ。(6)少量しかなくて、ものの用に足りないこと。

3 一つの言葉に、二つ以上の意味をもつ言葉を、「多義語《たぎご》」といいます。(1)～(4)の問題の意味はそれぞれ次のとおりです。(1)の「足」は、「行ったり来たりすること」、(2)の「顔」は、「面目《めんぼく》や名誉《めいよ》」、(3)の「目」は、「良い悪いを見分ける能力《のうりょく》」、(4)の「頭」は、「ものの考え方」です。同じ言葉であっても、意味がちがうことがあるので注意しましょう。

4 適当《てきとう》な慣用句《かんようく》を入れて、短文を完成させる問題です。よく似た別の意味の言い方があるので、正しい言い方と意味、使い方を覚えるようにしましょう。(1)には、「うっかり言ってしまう」という意味の言葉が合うので**エ**、(2)には、「かくごして決意する」という意味の言葉が合うので**ア**、(3)には、「平気な顔」という意味の言葉が合うので**イ**が入ります。

5 修飾される言葉をとらえる問題です。修飾語がどの言葉にかかっているか（説明しているか）を見つけられるようにしましょう。それには、修飾語を一つ一つの言葉につないで、最も自然に意味がとおるものを選びましょう。

6 適当な言葉を入れて、ことわざを完成させる問題です。ことわざそのものを知らないと解《と》けませんし、そのうえ正しい漢字で書かなければならないので、正しく書けるようにしておきましょう。(1)～(6)のことわざの意味は、次のとおりです。(1)まだ手に入るかどうかわからないものを、手に入れたつもりで期待し計画すること。(2)手近のことのほうがかえってわかりにくいということ。(3)生活する場所がちがうと、使う物や習慣《しゅうかん》・言葉などにちがいがあるものだということ。(4)よその山のつまらない石でも、自分の宝石《ほうせき》をみがくのに役立つことから、よそでおこったこと、他人のつまらない言動でも、自分をみがくための参考になること。(5)短気をおこすと結局損《そん》になるということ。(6)仕事中に話しこむなどしてなまけること。

ここに注意

ことわざ・慣用句・故事成語《こじせいご》では、正しい言い方や意味をとらえておきましょう。それぞれよく似《に》た意味や言葉のものもあるので、整理して正しく使えるようにしておきましょう。

文の組み立てでは、主語・述語・修飾語を見分けられるようにし、修飾語はどの言葉を修飾しているのかを正しくとらえられるようにしましょう。

物語

6 場面の様子をつかむ

標準クラス　26～27ページ

1 (1)残雪がはやぶさを（なぐりつけた。）
(2)残雪の（むな元の）羽（が飛び散った。）
(3)残りの力をふりしぼって、ぐっと長い首をもち上げ、じいさんを正面からにらみつけたいかにも頭領らしい（態度。）

2
(1)Aイ　Bウ　Cオ
(2)緊張

考え方

1 物語文では、さまざまな登場人物をとおして、人の心をひきつけ、人の心にうったえるように表現《ひょうげん》されています。「大造《だいぞう》じいさんとガン」のこの場面は、残雪とはやぶさの戦いの場面であり、「起承転結《きしょうてんけつ》（はじめに表現したことがらを次に発展《はってん》させ、場面をかえて最後にまとめる構成《こうせい》方法）の「転」の場面です。残雪の、はやぶさに対しているときと、大造じいさんに対しているときのそれぞれの様子をていねいに読み取りましょう。(2)「白い花弁《かべん》のように」飛び散ったのは、前の部分ではやぶさが「残雪のむな元に飛びこ」んだということから、残雪のむな元の羽だということをとらえましょう。

2 登場人物は「私《わたし》」と「私のおとうさん」。おとうさんの運転する車の助手席に私はすわり会話している場面です。(1)は適当《てきとう》な擬《ぎ》態語《たいご》（物事の様子や動きなどの感じをそれらしく表した言葉）を選ぶ問題です。Aは緊張《きんちょう》する相手に向かってゆっくり進む歩き方を表す言葉、Bは夏の太陽の下で、木々の葉っぱが輝《かがや》く様子を表す言葉、Cはすごいいきおいでしゃべる様子を表す言葉がそれぞれ入ります。(2)次の文で「緊張しているのは、おとうさんに会うのがすごくひさしぶりだから。」とDの理由を説明していることから「緊張」が答えだとわかります。また「二字」という字数もヒントにしましょう。

ハイクラス　28～29ページ

1
(1)ある晴れた
(2)（人間）えもの　（滝）けもの
(3)運命の決まったふね（9字）
(4)ア　(5)ウ

考え方

1 (1)まず八太郎が傷ついた一羽の若いわしを助けて、遠い山へ放してやった場面（第一～三段落《だんらく》）、次に、石狩川について書かれた場面（第四・五段落）、最後に八太郎が滝《たき》に落ちそうになり、わしに助けられる場面（第六～最終段落）の三つに分けられます。(2)「人間にうえている」「ほえ続けました」という表現から、「滝」を動物のように表現していることがわかります。あとの「滝は、せっかくのえものをうばいとられたけもののように」と書かれている部分に注目します。(3)ふねが滝に落ちることが、落ちる前からわかっていたような表現をさがします。「暗示《あんじ》」とは手がかりなどをはっきりと示さずに、それとなく知らせる、という意味です。(4)「うずくま」っていたのは、死に直面した恐怖《きょうふ》がまだ残っていたから。八太郎の助けたわしが、今度は自分を助けてくれたのは、自分のわしに対する気持ちをわかってくれた結果だと思い、喜びをかみしめているのです。(5)「滝」が生きもののように表現されたり、急流に流されるふねの様子がたとえを使って表現されたりしており、危機《きき》せまる感じがよく伝わってくることから、ウとなります。

7 心情をとらえる

標準クラス　30～31ページ

1
(1)イ
(2)ああ、うなぎが食べたい、うなぎが食べたい
(3)ちょっ、あんないたずらをしなけりゃよかった。

2
(1)イ
(2)・例はやしたてたいような（気持ち。）（10字）
・例弟のことを心配する（気持ち。）（9字）
(3)ウ

考え方

1 登場人物がいろいろなできごとに出会ったとき、どのように感じ、どんなことを思っているかを考えることが大切です。また主人公と登場人物のつながりをとらえることも必要です。ここでは、ごんと兵十《ひょうじゅう》のおっかあの心情を、ごんの言葉から読み取りましょう。(2)ぬき出しの問題では、文

章中からそのままそっくりぬき出します。漢字表記のものは漢字で、「、」や「。」もぬき出しましょう。(3)ごんの反省の気持ちが表れている文です。

2 兄と弟が、マツ林でハツタケ狩《が》りをしている場面です。人物の心情《しんじょう》は、表情や行動に表されていることがあるので、注意しましょう。(1)「ふさわしくないもの」とあるので注意しましょう。(2)弟がころがっていったあとの部分に、くわしく書かれています。「〜気持ち」など心情を表す言葉に注目してさがすようにしましょう。(3)直後の「彼《かれ》は心配にふるえながら弟を介抱《かいほう》した」から考えましょう。

ハイクラス　32〜33ページ

1 (1)①さかあがり

②・例うまくいくかどうか不安だったが、ここで失敗すると父親の沽券にかかわるという気持ち。

・例明日の朝の筋肉痛を覚悟するという気持ち。

(2)例窮屈に折りたたんだみぞおちがきしむように痛み、頭に血がのぼったから。

(3)例腰から下がスッと軽くなり、公園の風景が反転したとき。

(4)エ→ウ→ア→オ→イ

(5)④イ　⑤ウ

(6)肝心なところでは臆病なくせに、口だけは達者な子

(7)ア

(8)例葉子は体育が大の苦手で、中でも鉄棒がいっとう嫌いだから。

考え方

1 父親の真一《しんいち》が、公園でむすめの葉子《ようこ》に鉄棒《てつぼう》のさかあがりの練習をさせようとしている場面です。だれの言葉なのか、その人物の気持ちを考えて、会話文の内容《ないよう》を読み取るようにしましょう。(2)「なぜですか」と問われているので、文末を「から。」「ので。」などにしましょう。(3)文末を「とき。」にしましょう。(6)指示語《しじご》の指す内容をさがすときの鉄則《てっそく》、その指示語より前の部分に注目しましょう。(7)公園には母親の菜々子《ななこ》はいないので、「がんばれ」と応援《おうえん》する立場には立てません。(8)——線⑧直前に「大の苦手の体育、中でもいっとう嫌《きら》いな鉄棒だ。」とあります。

8 会話や動作から読み取る

標準クラス　34〜35ページ

1 (1)イ

(2)ア

2 (1)例おどろきで動けなくなる、という意味。

(2)イ

(3)恵（が）　自動車の運転手（に。）

(4)例男の子が、自動車にひかれそうになってあぶなかったが、助けることができてほっとしたから。

(5)ウ

(6)例男の子を家まで送っていった。

考え方

1 空地で、善《ぜん》さんがトオルにボールの打ち方を教えている場面です。善さんは、友達との約束のためにホームランを打ちたいというトオルの気持ちを応援《おうえん》していることを、二人の会話から読み取るようにしましょう。(1)アとイは言葉が似《に》ていますが、アは「注意してあちこちに目を向けること。」です。

2 恵《めぐみ》が、十字路の横断《おうだん》歩道で、二歳《にさい》ほどの男の子を走ってきた自動車にひかれないようにかかえこんでとびのいた場面です。恵の行動と気持ちを読み取りましょう。(2)直後の「言い返したい」ことを、恵と男の子の関係を考えて選びましょう。(6)「おうちは、どこ？」の会話文から考えましょう。

ハイクラス　36〜37ページ

1 (1)イ

(2)ラウラおばちゃん・ヴェラおばちゃん（順不同）

(3)フィリップ・パウル・テレーゼ（順不同）

(4)例赤ちゃんが生まれる前に、息ぬきしておきたかったから。

(5)ア

(6)イ

(7)例何度もお願いして、無理に承知させて。

考え方

1 ある日の昼食のあと、お母さんが子どもたちに、一週間旅に出ること、その間はおばちゃんたちがやってきて世話してくれることを言いわたした場面です。登場人物がそれぞれどのような行動をとっているか、その時の気持ちを読み取りましょう。(3)三人とは、三人の子どもたちのことです。(4)お母さんの最初の会話文に注目しましょう。(5)直前の「あきらめて」に合う言葉を選びましょう。(6)月曜日から子どもたちをおいてウィーンに旅行することは、もう決まったことなので、お母さんは反対されたくはないという思いがあることをまずおさえておきたい。子どもたちが反対することをある程度予想していたお母さんは、子どもたちに説明し、最終的に子どもたちにすべてを受け入れさせることに成功する。そこで浮かべるお母さんの笑みは、子どもたちが自分の言うことに従ったことへの満足感だと考えられます。

9 組み立てをつかむ

標準クラス

38〜39ページ

1 (1)B→A→C
(2)例少し前にやってみたことがあるから。
(3)大根おろし

2 (1)A 例ぼくは、かけこんだ公園のすな場のすなの上に、らくだの頭をかざっていた花輪を見つけた。
B 例らくだのすがたが消え、われに返ると、見慣れた公園があった。
C 例らくだが立ち上がり歩きだした。
(2)C→B→A (3)らくだ
(4)例らくだがさばくのかなたに消えるまで、ぼんやりと見送っていた。
(5)ウ
(6)気持ちよさそうに月の光を浴びていた。
(7)さばくのかなたに消えた。
(8)夜

考え方

1 文章のすじが通るように、文章をならべて組み立てるときは、それぞれのまとまりの内容《ないよう》を要約してみましょう。そして、その要約を見て組み立てを考えましょう。要約するには、どの文が大事なのか、どの言葉が大事なのかを考えるとよいでしょう。(1)A〜Cの要約は次のとおりです。A「ぼく」は、大根おろしを作った。B小学二、三年生の頃《ころ》、勤《つと》め先から帰った父の食事には、大根おろしが足りなくなっていた。C「ぼく」は大根おろしを小鉢《こばち》に入れて食卓《しょくたく》に運んだ。(2)直後の一文に理由を表す「から」があります。

2 らくだがどのように表現《ひょうげん》されているかに注目して、文章の組み立てを考えましょう。(2)(1)の要約から、らくだの動きの順序《じゅんじょ》をとらえましょう。(5)直前の「一歩一歩確《たし》かめるように」から考えましょう。(8)「月の光を浴びて」に注目しましょう。

ハイクラス

40〜41ページ

1 (1)右脚のふくらはぎ
(2)ウ (3)ア
(4)イ (5)ア
(6)下り坂
(7)きている。

考え方

1 (2)――線②のあとにある、「こんなに長い距離《きょり》を走るのは初めてなのだ」「脚《あし》がどうにかなってしまったのかもしれない」「道のりはまだ半分以上残っている」などの表現に注目しましょう。(4)――線④のあとに、「また坂を下らせては悪いと思ったのだ」とあります。(5)「お荷物」とは、やっかいなもの、足を引っ張るもののこと。「お節介」とは、余計なお世話のこと。「お先棒」は人の手先になって働くこと。「お膳立て」は、準備を整えること。(6)脚が疲《つか》れていた草太《そうた》は、昇平《しょうへい》に疲れを見せまいとして、無理をしたのです。(7)「まで」という言葉に注目しましょう。ほかにも不安なことがあって、その上、「頭まで痛くなってきていた」のです。また、「こんな脚で…心配になってきた。」の文まではずっと脚の心配だけをしているので、頭痛《ずつう》の話は入りません。

10 クライマックスをおさえる 42～43ページ

標準クラス

1
(1)生温かい、本物の馬の手ざわり（14字）
(2)例びょうぶの中の馬に乗り、びょうぶの中の野をかけぬける夢。
(3)栗色の風になって
(4)例びょうぶの中の野の果て。

2
(1)ア　(2)ア

考え方

1 (1)第二段落《だんらく》に「びょうぶの中」とあります。実際《じっさい》の生きている馬にさわっているのではないのです。(2)第二段落、第三段落の内容《ないよう》から、太郎が見ていた夢《ゆめ》の内容を読み取ります。(3)「栗色《くりいろ》」はクリの色のようなこい茶色のことで、ここでは馬の毛の色を表します。「栗色の風になって」で、馬がいきおいよく走っている様子を表現しています。(4)太郎は、びょうぶの中の馬の背《せ》に乗って、馬といっしょにびょうぶの中の野に消えてしまったのです。

2 遠泳が行われる日、太《ふと》が米田《よねだ》老人と話しながら砂浜《すなはま》に向かっている場面です。米田老人がかつてなぜ遠泳に出たのかを会話文から読み取り、太の気持ちと比《くら》べて考えるようにしましょう。(1)本文中などに（太は）「自分のやってることがよくわからなかった。」とあります。(2)少し前に「けんかごしで」とあります。けんかをするようなときの気持ちを考えてみましょう。

ハイクラス 44～45ページ

1
(1)①光るイトミミズのような生き物
②アメーバのような苔
(2)人間の言葉がわかる（から。）（9字）
(3)例言葉をしゃべるのではなく、テレパシーみたいに思いを伝えること。
(4)私が私でなくなる
(5)例大人に近づく中学三年生になったから。
(6)まゆはよく、魂をどっかに落としてきてたよねえ（と言われる。）（18字）

考え方

1 まゆは、以前不思議なものが見えていましたが、今はもう見えなくなってしまいました。まゆの心の言葉で書かれているので、情景《じょうけい》を正しく読み取りながら、心の変化に注目しましょう。(2)次の文に「頭のよい鳥は人間の言葉がわかる」とあります。(4)続く「青は怖《こわ》い色だった。消えてしまう色。私《わたし》が私でなくなる色」とあります。字数もヒントにしましょう。

11 主題をつかむ 46～47ページ

標準クラス

1
(1)ウ　(2)エ
(3)熱気

2
(1)①ラルスとわたし
②例三時間も楽しく話しながらいっしょに走り、別れがたかったから。
(2)・（たった）十二の子ども
・駅舎の間を往復している少年
(3)A イ　B ウ
(4)イ
(5)D
(6)例大人のわたしが十二の子どものラルスから多くのことを学んだこと。

考え方

1 「主題」とは、作者が表そうとした、中心になっている考えをいいます。この文章の主題は何かをおさえましょう。生徒会室で、生徒会の役員と思われる人がポスターを作成しおえたあとの場面です。会話文の中に、人々の気持ちが色こく出ているのを読み取りましょう。(2)「ように」は、「みたいに」と同じく何かをたとえる表現《ひょうげん》です。たとえを「比《ひ》ゆ」といいます。アの「くり返し」は、語句《ごく》を複数回《ふくすうかい》くり返して表すこと。イの「体言止め」は、文末に名詞《めいし》（ものの名前）を使うこと。ウの「倒置法《とうちほう》」は言葉の順序《じゅんじょ》を逆《ぎゃく》にすること。たとえば、「雲が流れる。」なら「流れる、雲が。」となります。(3)二字という指定字数が大きなヒントになります。

2 「主題」は、文章の最後の部分に書かれていることが多いです。作者の気持ちが表れている文を見つけて、主題をとらえましょう。(1)②Ⓓの文の「ラルスともっといっしょに過《す》ごしたら、まだまだ大きな感動を受けたにちがいありません。」から考えましょう。(3)A前のことがらにあとのことがらを加えています。B前とあとの内容《ないよう》がくいちがっています。(4)ⒶⒷは事実、ⒸⒹは前半のまとめと作者の考えが書かれています。(5)「ちがいありません」に作者の気持ちが表れています。

ハイクラス　48〜49ページ

1

(1)エ

(2)Ⅰ黒い木　Ⅱ写真　Ⅲ女の人

(3)①何色ものガラスが渦を巻いている小ビン　②エ

(4)A口　B目

考え方

1 新子《しんこ》が、東京から転校してきた貴伊子《きいこ》の家に行き、驚《おどろ》いたり貴伊子のひみつをのぞいたように感じたりしている場面です。二人の生活の様子のちがいを読み取り、内容を正しくとらえましょう。新子の心情《しんじょう》をおしはかり、作者の伝えたかったことを考えましょう。(1)前に「子供《こども》がベッドに寝《ね》るなんて信じられない」とあります。(2)前の段《だん》落《らく》に「黒い木で囲まれた女の人の写真」「美人だ」から指定字数でぬき出しましょう。(3)①小ビンはどのような小ビンと書かれているでしょう。②「本当はそんなこと」で始まる段落に注目しましょう。

チャレンジテスト③　50〜51ページ

1

(1)パパの目は

(2)ウ　(3)イ

(4)ここに来た

(5)例おじいちゃんがパパをとっても愛していた（こと。）(18字)

考え方

1 (1)リード文（前書き）を読んで、パパとおじいちゃんの関係やぼくの思いをおさえたうえで、この場面の内容《ないよう》を読み取りましょう。パパが今になって、自分の父親（おじいちゃん）の心に気づき、ぼくの前でも素直《すなお》になっていく様子がえがかれています。ぼくがパパに最も伝えたかったことが、「ほたる」や『枕草子《まくらのそうし》』をあげて、美しく表現《ひょうげん》されています。パパの心の変化を、様子や会話、言葉づかいから読み取りましょう。(1)直前の文に「谷をおおった闇《やみ》の、そのまた奥《おく》を見つめる目」とあります。(2)過去《かこ》のことを急に思い出したのです。(3)直前の「子どものころって、……すぐにむこう岸」に注目して、考えましょう。(4)「おまえのじいさま」から「おやじの恐竜《きょうりゅう》」とパパはおじいちゃんに親しみを感じてきています。中ほどの「パパのなかの、何かとてもかたいものが溶《と》けていく」に注目しましょう。(5)ぼくは、パパとおじいちゃんのことを気にしていました。だから、囲みの中ほどの「おじいちゃんは……パパをとっても愛してたんだ」に注目しましょう。

読解のコツ

物語文では、場面の様子や人物の心情をしっかりと読み取りましょう。そのためには、人物の動作などからも心情を推測《すいそく》できるようにしましょう。また、文章の構成《こうせい》を考えて、クライマックスを読み取ることができるようにしましょう。そのうえで、主題について考えることができるようになると、しっかりと物語文を読んだといえるでしょう。物語文は、表現に作者の工夫がこらされているものです。一つ一つの言葉に注意し、よく味わって読むことが大切です。

チャレンジテスト④　52〜53ページ

1

(1)例しおをふくんだ海の風がぼくの顔に吹きつけている様子。

(2)例見送りに来てくれた優斗に対して、お別れをするため（にうでをふった）。

(3)例優斗の家のハムスターだったが、別れのときに、さびしくないようにと優斗が光太にくれたから。

(4)・例前の学校では、気の合う友達がいっぱいできたこと。
・例学期の途中だったこと。

(5)ア　(6)ウ

考え方

1 (1)フェリーが海に出たので、ふく風も塩からくなっているのです。(2)光太《こうた》は、見送りに来てくれた優斗《ゆうと》と別れたばかりなのです。(3)次の段落から、ポポは、元は優斗の家のハムスターだったこと、優斗がそのハムスターをぼくにくれたことがわかります。(4)続いて「だまっているぼくのかわりに、母さんが言った」とあります。すぐあとの母さんの言葉から、光太が続けて言いたかった二つのことをまとめます。(5)「奥歯をかみしめる」のは、いかりやくやしさをがまんするときです。(6)「新しい街に優斗はいない」とあります。友達ができても優斗のかわりにはならない、それほど光太にとって優斗はかけがえのない大切な友達だったのです。

詩 12 情景を想像する

標準クラス　54〜55ページ

1 (1)Ⅰ急　Ⅱ例木々（若葉）
(2)ウ
(3)山頂
(4)Bイ　Cイ
(5)エ

2 (1)Aエ　Bイ　(2)ア　(3)エ

考え方

1 詩は、心に強く感じたことや思ったことを、作者自身の言葉や調子で、短く言い表したものといってよいでしょう。詩を読むときは、作者の感動がどこにあるのかということに目を向けることが大切です。それには、まず詩にえがかれている情景《じょうけい》を想像《そうぞう》しましょう。(1)Ⅰ「なだれ落ちるような」から山のしゃ面が急なことがわかります。(3)作者が今立っている場所は「山頂《さんちょう》」です。(4)B「若葉《わかば》みどり」からイの「五月」を、C「明るくまぶしい」からイの「ぎらぎらと」が入ります。(5)作者は、感動の中心を、最後の三行で、人に問いかける形で言い表したことをとらえましょう。

2 易《やさ》しい言葉で、語りかけるように書かれた詩です。(1)A次の行の「昼のお星」に注目しましょう。星が見えるのは夜になってあたりが暗くなってからです。Bたんぽぽの「めに見えぬ」部分は根です。根は冬の間も地面の下でかれずに春を待っているのです。(2)各行「七音五音」で成っています。(3)この詩は二つの連（まとまり）で成っています。第一・二連とも最後の二行が同じ言葉です。「昼のお星」、「たんぽぽの根」は見えないけれども確《たし》かにあるということに注目しましょう。

ハイクラス　56〜57ページ

1 (1)夕方　(2)村
(3)Ⅰ生　Ⅱ死（順不同）
(4)エ　(5)鹿

2 (1)四（連）
(2)例夏休みが終わってしまった、夏の終わりの季節。
(3)夏休み
(4)・迷い子のセミ
・さびしそうな麦わら帽子
・ぼくの耳にくっついて離れない波の音
(5)例夏休みが過ぎ去って、夏の終わりをなごりおしく思う気持ち。（28字）

考え方

1 命をねらわれている鹿を題材にした詩です。この詩の情景を頭の中で思いえがいてみましょう。(1)2行目の「夕日の中」に注目しましょう。(2)「森」は場所を表す言葉です。自然である森に対し、人工的な場所を表す言葉をさがしましょう。(3)鹿は、今まさに額《ひたい》を銃《じゅう》で狙《ねら》われていることから考えましょう。(4)鹿にとって残された時間はわずかなことや、「黄金のように光る」から考えましょう。(5)主人公は鹿です。

2 (1)「連」とは、詩の中のまとまりのことです。ふつう、連と連の間は一行あきになっています。(2)夏休みは終わったのですが、まだ夏のなごりがある季節です。(3)夏休みに対し、「もう一度　もどってこないかな」

とよびかけています。まるで、人に対するようによびかけていることにも注目しましょう。⑷第四連に、夏休みの「忘れもの」がえがかれています。⑸夏休みに対し、「もう一度　もどってこないかな／忘れものをとりにさ」とよびかけていることから、気持ちを考えましょう。

13 表現の工夫を読み取る

標準クラス

58～59ページ

1 ⑴Ⅰ秋　Ⅱ冬
⑵イ・ウ
⑶青く、青くすみ

2 ⑴Aオ　Bエ　Cイ
⑵空のおさらを　ひっくりかえしたようだ
⑶ウ　⑷イ　⑸イ

考え方

1 詩にはいろいろな表現技法《ひょうげんぎほう》があり、作者の感動を読み手によりわかりやすく伝えるために使われます。表現技法には、体言止め（行の終わりに名詞《めいし》（ものの名前）を使う方法）や比ゆ（たとえを使う方法）などがあります。比ゆには、直ゆ（「ようだ」「みたい」などを使い直接《ちょくせつ》たとえる方法）・いんゆ（「いわし雲」のように「ようだ」「みたい」などを使わずにたとえる方法）・擬人法《ぎじんほう》（人でないものを人のように表す方法）の三種類があります。また、倒置法《とうちほう》（言葉や文の順序《じゅんじょ》を入れかえて強調する方法）・反《はん》復《ぷく》法（同じ言葉をくり返す方法）・対句《ついく》法（「空は青く／雲は白い」のように同じ骨組《ほねぐ》みの言葉をくり返す方法）などがあります。⑵「赤くうれ」「日が続き」「赤く光り」が二度ずつ出てくるので反復法、「ゴマをまいたように飛ぶ」「冬がきた信号灯のように」で直ゆが使われています。⑶第二連の「赤くうれ、／赤く、赤くうれ、」や、第五連の「赤く光り、／赤く、赤く光り、」を参考にしましょう。

2 夕だちの情景《じょうけい》を表した二連から成る詩です。⑴A「かけてくる」、B「かけていく」に注目しましょう。C前の「滝《たき》のように流れおちた」と、あとの「ぼくはおどろかない　へいきだ」は予想される逆《ぎゃく》の内容《ないよう》になっていることをおさえましょう。⑵「雨はどうどう」「滝のように」から雨がはげしくふっていることがわかります。⑶⑷**ア**「風が」「ささやく」は、風を人の動作にみたてた擬人法で、詩の中では「ヨシキリが／おおさわぎして　にげまわる」とあります。**イ**「おおい、雲よ」と雲を人にみたてた呼びかけの技法で、強くうったえる効果があります。この詩の中では使われていません。**ウ**「のろのろと」は擬態語《ぎたいご》で、詩の中では「どうどう」「ゆうゆうと」があります。**エ**「僕《ぼく》に来い、」がくり返されているので反復法で、詩の中では「夕だちだ」がくり返されています。⑸「ぼくはおどろかない　へいきだ」「ゆうゆうと道を歩いてきた」から考えましょう。

ハイクラス

60～61ページ

1 ⑴①赤ん坊が生まれる
②Ⅰ死　Ⅱ生命
⑵Aエ　Bオ
⑶イ・エ（順不同）

2 ⑴ウ　⑵8
⑶（第一連）4　（第二連）8　（第三連）11

考え方

1 原子爆弾《ばくだん》の負傷者《ふしょう》が集まっている地下室で、若《わか》い女性《じょせい》が赤ん坊《ぼう》を産もうとしている場面を題材にした詩です。⑴①直後の「」のついた言葉に注目しましょう。②「地獄《じごく》の底のような地下室で」と表現されたこの場所では、「生」よりも「死」に近い状《じょう》きょうであることをとらえましょう。⑵「かくて」で始まる二つの表現が対句になっていること、AとBは対比《たいひ》的な言葉が入ることに気づきましょう。また、最後の行の「己《おの》が命捨《す》つとも」から、産婆《さんば》が死んだことを読み取りましょう。⑶「生ましめんかな」がくり返されているので反復法が、「己が命捨つとも／生ましめんかな／生ましめんかな」がふつうの表現であるのに、語順をかえているので、倒置法が使われています。

2 高原の林の中の草地に寝《ね》ころがる二人をと

りまく情景がえがかれた詩です。⑴「青く」↕「淡《あわ》く」、「光っている空を」↕「ながれてゆく雲を」がそれぞれ三音・九音で成り立っており、対句法が使われています。⑵8行目をふつうの語順にすると「言葉すくなく　ながめてゐ《い》た」となります。⑶連は内容から区切られます。第一連は二人の周りにある風景を、第二連はだまって風景をながめている二人の様子を、第三連は「しあわせは　どこにある?」という問いとその答えをえがいています。場面や様子のかわる部分を見つけましょう。

チャレンジテスト⑤

62〜63ページ

1 ⑴例（「も」があると）けやきの本数がとても多い様子（が強調される。）（14字）

⑵（あとに／）空が／ばかでかい口を／ポカンとあけた

⑶Aエ　Bカ

⑷村じゅうの人・鳥・虫（たち）・風・雲

⑸例びっくりしたり、がっかりしたりする気持ち。

⑹ア　⑺イ・エ

考え方

1 けやきはさまざまな自然物とともにひとつの風景であったのに、とつ然に切りたおされてしまいました。そのことへの、みんなの残念な気持ちが書かれた詩です。特に月はブツブツ独《ひと》り言《ごと》をくり返しています。それほどけやきを大切に思っていたことを読み取りましょう。⑵次の第二連に注目しましょう。⑶ふさわしい擬態語《ぎたいご》（様子を表す言葉）を選びましょう。⑺「空が／ばかでかい口を／ポカンとあけた」、「のんびりやの月が」「びっくりしたり　がっかりしたり」などに擬人法が、「けやきがあるからよかったのに」「けやきがあるから空だったのに」がくり返されているので、反復法《はんぷくほう》が使われています。

読解のコツ

詩には一語一語の短い言葉に作者の思いがこめられています。また、表現技法《ひょうげんぎほう》をいろいろと工夫して、より感動が伝わるように表現しています。行がえ、行のあきにも意味があります。くり返し読んで、内容《ないよう》を深く読み取れるようにしましょう。

チャレンジテスト⑥

64〜65ページ

1 ⑴ダシ

⑵太くてよく乾いた言葉をえらぶ。

⑶ウ

⑷沸騰寸前サッと掬いとる。

⑸言葉のアク

⑹イ

⑺・言葉の澄んだ奥行き
・言葉の本当の味

⑻エ

考え方

1 ⑴「言葉のダシのとりかた」という題名や、詩全体の内容《ないよう》から考えます。⑵最初の三行で、言葉の素材《そざい》選びについて述《の》べています。「太くてよく乾《かわ》いた言葉」に、作者の考えが表れています。⑶日ごろ耳にしている言葉をそのまま使うのではなく、「透《す》きとおってくるまで」余計《よけい》な部分を削《けず》り落としていくのです。⑷「サッと掬《すく》いとる」のは、鍋《なべ》に沈《しず》め、強火にかけた「言葉の意味」です。⑸⑹「言葉のアク」とは、言葉にある余分《よぶん》なものです。「掬ってすくって」というくり返しの表現から、「言葉のアク」をていねいにすくいとる様子がわかります。⑺「それが言葉の一番ダシだ。」の「それ」は、すぐ前の一文の内容を指しています。また、同じ内容を指す言葉が直後の一文にあります。⑻最後の二行に、この詩で作者が一番述べたかったことがえがかれています。

説明文 14 構成をつかむ

標準クラス

66〜67ページ

1 ⑴Aア　Bエ

⑵例右手右足を同時に出し、腰から上を大地に平行移動させるすり足という歩き方。

⑶②ウ　③イ

⑷例浮き足立ったり、跳ね上がったりする

動作。

⑸①例人間の（身体）所作が決められたとおりに行われる（同じようになってしまった）こと。
②ア・カ

考え方

1 文と文、段落《だんらく》と段落の関係をつかむと、文の構成《こうせい》（組み立て）がわかります。キーワードや中心文をおさえ、それをほかの言葉や文に言いかえられるようにしましょう。また、筆者の主張《しゅちょう》を正確《せいかく》に読み取りましょう。⑴A「または」「もしくは」と同じ意味の言葉が入ります。B前とあとの内容《ないよう》が逆《ぎゃく》になっていることに気づきましょう。⑵指示語《しじご》の指す内容をとらえるときは、まず前の部分に注目してさがしましょう。「右手右足を……歩いていた。」の二文の内容を一つにまとめます。⑷前の段落に注目して答えを見つけ、「…動作。」で文を終えます。⑸①「均質《きんしつ》」とは、むらのないことという意味です。②強制的《きょうせいてき》に決められたことではないものを選びましょう。

ハイクラス　68～69ページ

1 ⑴Aイ　Bエ
⑵Ⅰ物　Ⅱ余計な　Ⅲ心

2 ⑴A時　B金
⑵エ
⑶Ⅰ農業　Ⅱ機械時計　Ⅲ人工

考え方

1 一つの事例を示《しめ》し、それをあとで説明しています。あとの説明がどの事例の説明なのかを読み取るようにしましょう。⑴B「豊《ゆた》かになったもの」の例が、あとでいくつかあげられていることに気づきましょう。⑵第二段落に注目し、指定字数をヒントにして、言葉をさがしましょう。

2「機械時計」の出現《しゅつげん》で、それまでの生活が変わったことを述《の》べています。前半と後半の内容を対比《たいひ》させて読み取りましょう。⑴第四段落の「人びとはお金をたいせつにするように……時間を倹約《けんやく》する」に注目しましょう。⑵C前段落で述べられた内容の結果が次にきています。D前段落の内容につけ加えられたことが次にきています。⑶文字数をヒントにして、キーワードを見つけましょう。

15 内容の中心をとらえる

標準クラス　70～71ページ

1 ⑴ア
⑵イ
⑶エ
⑷①ゴミの感じもだんだん消えてなくなる
②例ゴミだった廃車も、魚たちが漁礁として利用をはじめれば、人工物としての形が消えてくるから。

考え方

1 短い文が多いので、リズムのよい説明になっています。接続語《せつぞくご》や指示語《しじご》の指す内容《ないよう》に注意しましょう。同じ内容を表す表現《ひょうげん》にも注意して、筆者の主張《しゅちょう》したいことがらを読み取れるようにしましょう。⑴「テツガク」は「哲学《てつがく》」と書き、「人生や世界や物事のあり方のもとになることを深く考える学問」を意味します。⑵――線②の中の「それ」の指す内容は、「大自然のイトナミの……ということになる」で、ここと選択肢《せんたくし》の内容を比《くら》べて答えを出しましょう。⑶直前の「これ」が何を指すか考えましょう。また、それがなぜ「面白い」かは次の段落で述《の》べられています。⑷①「だんだん」「ゴミ」に注目しましょう。②「なぜ」と問われているので、文末を「から。」「ので。」などで終えましょう。この段落《だんらく》で述べられていることを要約すればよいのですが、答えには「人工物としての形が消えていく」などの文言《もんごん》を入れるようにしましょう。

ハイクラス　72～73ページ

1 ⑴ウ　⑵Bイ　Eオ
⑶エ
⑷飛ぶこと（飛行能力）
⑸鳥類の中枢神経
⑹鳥類の飛行能力と美しい羽毛を手に入れること。

(7)哺乳類
(8)F ウ　G エ

考え方

1 前半は「鳥類」について、後半は哺乳類《ほにゅうるい》について述べた文章です。要点をおさえながら、内容を読み取りましょう。(1)鳥類と恐《きょう》竜《りゅう》では何がちがうと筆者が考えているのかをとらえましょう。(2)B前では鳥類と哺乳類は異《こと》なると述べ、あとではならび称《しょう》されると逆《ぎゃく》の内容になっています。E前のことがらにあとのことがらをつけ加えています。(4)鳥類の特徴《とくちょう》として、飛ぶことができるということをおさえましょう。(6)人間が鳥類に対してあこがれていたのは、「飛行能力《のうりょく》と美しい羽毛《うもう》」であることが、同じ段落に書かれています。(7)鳥類と哺乳類を対比《たいひ》して書かれた文章であることから考えましょう。

16 キーワードをつかむ

標準クラス　74〜75ページ

1
(1)①熱雲
②火山灰や軽石などが、高温のガスにまじって流れだす現象。
(2)・プレー火山
例（熱雲で）ふもとのサンピエールの町がやきはらわれ、二万八千人の死者がでた。
・浅間山
例（熱雲で）ふもとの鎌原村では五百人近くの死者がでた。

2
(1)ウ
(2)独特の存在感を発揮している
(3)イ
(4)有効
(5)イ

考え方

1 書いてあることがらの中心になる言葉「キーワード」を見つけ出し、どのように説明しているかを読み取りましょう。要点をまとめるときは、大切な言葉を落とさないようにしましょう。(1)第二段落《だんらく》の「なかでもおそろしいのは、……よんでいます。」に注目しましょう。

2 「存在感《そんざいかん》がある」という言葉についての文章です。「キーワード」（その文章での重要語）を見つけることが、筆者の主張《しゅちょう》をとらえるカギになります。同じ内容《ないよう》で表現《ひょうげん》を変えている言葉もおさえておきましょう。(1)前とあとの内容が逆《ぎゃく》になっていることをとらえましょう。(2)「素《す》」は、「あるがままの、そのままの」という意味です。字数もヒントにしましょう。(3)同じ文に主語がない場合、順次さかのぼって見つけましょう。(4)「無」の逆は「有」です。(5)直前の「ような」に注目して、「映画《えいが》やドラマ、芝居《しばい》」のもつ共通点は何かを考えましょう。

ハイクラス　76〜77ページ

1
(1)ウ
(2)B ウ　C ア
(3)相手への配〜と努力する（はっきりと〜を心配する）（から。）
(4)ア
(5)はっきりと断わること
(6)例まずは一応断わっておいて徐々に相手にこちらの否定の意志を感じとらせる。（35字）
(7)・はっきりと・きっぱりと（順不同）
(8)つれない
(9)ウ

考え方

1 日本語には「ノー」に対応《たいおう》する言葉がないのはなぜかということについて述《の》べた文章です。キーワードの説明が、その言葉のすぐ近くにないこともあるので、注意しましょう。(5)内容《ないよう》としては「きっぱりと否定《ひてい》すること」も適《てき》するが、字数が十字なので正《せい》解《かい》にはなりません。(6)指定された三つの言葉が文章中のどこにあるかさがしましょう。すると、最後から三行目の文と、最後の文にあるので、その二文の内容を三十五字以内にまとめましょう。

17 事実と意見を見分ける

標準クラス 78～79ページ

1 (1)㋒　(2)ウ
(3)①私（筆者）　②（同行の）館の方
(4)初春（早春）
(5)Ⅰ養分　Ⅱ開花の時期
(6)植物の精（のような色）（4字）
(7)エ

考え方

1 植物を染料《せんりょう》として絹糸《きぬいと》を染《そ》めることにかかわる文章です。(1)㋒だけが「ない」を「ぬ」に置きかえられることをとらえましょう。(2)あとの「紅葉《こうよう》」、「落葉」から考えましょう。(4)「浅春《せんしゅん》」は、春がまだ浅いということです。そこから春のはじめを思いつきましょう。(6)「色が生《うま》れる」と同じような意味の「色が染まる」が前々段落《だんらく》にあり、その前に「その植物の精《せい》かと思われるような」とたとえの表現《ひょうげん》の「ような」があることをおさえましょう。

ハイクラス 80～81ページ

1 (1)オ
(2)ある種の能力（について。）
（能力のあるなしでも可）
(3)ウ
(4)Ⅰ主観的　Ⅱ反省
(5)Cある　Eある
(6)例負けずぎらいで、虚栄心が強いから。（17字）

考え方

1 強気と勝気《かちき》のそれぞれの性格《せいかく》のちがいを説明しています。筆者の考えを述《の》べているところと事実を述べているところを、文末などに注目して見分けるようにしましょう。(1)A・Dとも前とあとの内容《ないよう》が逆《ぎゃく》になっていることをとらえましょう。(2)直前の「このような」が、前段落の内容を指すことをおさえましょう。(4)前段落の内容を受けて話が続いていることをつかみましょう。(5)このような問題の場合は、実際に言葉を入れて、文意が通るか、考えましょう。Cに「ない」を入れた場合、「能力がないとは限りませんから、成績がおもわしくないこともありますが、…」と文意が通りません。また、Eに「ない」を入れた場合、「実際に『能力』がないのに、ただ強気ゆえに、自分に能力がないと思い込んでしまうと…」と文意が通りません。したがって、C、Eとも「ある」が入ることがわかります。(6)「見せかける」という言葉に注目しましょう。前段落にも「見せかける」という言葉があるので、この段落から答えをさがせばよいことがわかります。

18 要旨をつかむ

標準クラス 82～83ページ

1 (1)春から夏にかけて
(2)例つかれをとり、えさをとって、力をたくわえるため。
(3)Aウ　Bア
(4)5（段落）

2 (1)ウ　(2)【イ】　(3)イ

考え方

1 説明文では、要旨《ようし》（筆者の最も言いたいこと）は、最後の段落《だんらく》に書いてあることが多いです。また、問題を提起《ていき》してからその答えとして意見を書くこともあります。(1)指示語《しじご》の内容《ないよう》をとらえるには、その指示語より前に注目しましょう。「このころ」から時間や季節を表す言葉をさがします。(2)「なぜ」と問われているので、理由を示《しめ》す「から。」「ため。」などで文をとめます。(4)筆者の考えを述《の》べた文をさがすには、筆者の意見を表す言葉に注目しましょう。ここでは5段落で、問題を提起し、それに対し、「～このためかもしれません」という表現《ひょうげん》で意見を述べています。

2 要旨を見つけるために、キーワードや文末表現に注意しましょう。(1)**ア**～**エ**の漢字がつくことにより、下の漢字の意味を打ち消します。(2)欠落している段落の第一文の「経済性《けいざいせい》」「時代」に注目しましょう。「経済性」は第一段落、「時代」は第二段落にあります。内容上から【ア】・【イ】のどちらが適当《てきとう》か判断《はんだん》しましょう。(3)――線部は、前の一文「それはなかなか……生きていけないのです。」と同じことを言っています。だから、この二文の中の「それ」が指す内容をとらえましょう。そして「それなしに生きていけない」から、それが指す内容を打ち消すものであることもおさえましょう。

ハイクラス 84～85ページ

1 (1)エ
(2)イ
(3)ウ
(4)・例「笑う」という行為で若者は、自らもその場に軽く参加している気分を味わっているから。
・例笑ってあげることは、相手への敬意を表現するものだから。
(5)Ⅰ話者　Ⅱ敬意　Ⅲ笑ってあげる
(6)ア

考え方

1 筆者の考えをまとめるときは、文章中のキーワードをてがかりにしましょう。(3)第二段落の「反射《はんしゃ》的に笑い声をあげてしまう」に注目しましょう。(4)次の段落に「ひとつは」、その後に「だから」、最後の段落に「また」とあり、理由が述べられています。理由を答えるときは文末を「から。」「ので。」「ため。」などにしましょう。(5)同じ段落で、指定字数に合う言葉をさがしましょう。(6)適当な慣用句《かんようく》を選ぶ問題です。直後に「シーンとなって」とあるので、「静まりかえって」の意味をもつ句を選びましょう。

19 筆者の考えをまとめる

標準クラス 86～87ページ

1 (1)ア
(2)①相手をいたわるかけ声のようなもの
②おっけ・はる
(3)敬意
(4)イ
(5)Ⅰきれいな大阪弁
Ⅱあったかみがあって、使い心地がいい

考え方

1 福井弁《ふくいべん》と大阪弁《おおさかべん》について述《の》べた文章です。(1)前の「アーア」に注目しましょう。(2)①前の段落《だんらく》で「なあも、なあも」について説明している部分から十六字でさがしましょう。②一つは福井弁の中に、もう一つは大阪弁の中にあります。(3)「はる」の説明は次の段落でなされていて、その次の段落では表現《ひょうげん》をかえていることをとらえてさがしましょう。(5)福井弁に対する気持ちの変化は第一段落に書かれているので、そこから指定字数に合う言葉をさがしましょう。

ハイクラス 88～89ページ

1 (1)Aウ　Cオ
(2)ウ　(3)イ
(4)Ⅰ注文　Ⅱロボット　Ⅲ応対（店員）
(5)例決まった音声で、決まったことしか言わない、ぜんぜん心のこもらないつきあい。
(6)エ　(7)イ
(8)例ロボットのように機械的に応対された。（18字）

考え方

1「サービス」について述《の》べた文章です。キーワードを見つけて、内容《ないよう》を読み取るようにしましょう。(2)「口の端」とは言葉のはしばしのこと。気がのらない、いやいやにした返事だということを、前後の状況からも読み取りましょう。(5)直後に「決まった音声で、決まったことしか言わない」「ぜんぜん心のこもったものではない」とあります。文末は「つきあい。」でとめましょう。(6)直前の「相手の顔を見て」から、その場に応《おう》じて、最もよい方法を取ることという意味のエ「臨機《りんき》応変」を選びましょう。ア「喜怒哀楽《きどあいらく》」は、喜びと怒《いか》りと悲しみと楽しみ。人間らしいさまざまな感情《かんじょう》を意味します。イ「一長一短」は、長所も短所もあること。ウ「単刀直入」は、前おきなしで、いきなり大切な話に入ることです。(7)筆者にさまざまな思いをよびおこしたやりとりの発端《ほったん》となった言葉が題名になります。

チャレンジテスト⑦　90～91ページ

1 ⑴例群れをなして生活する（場合。）（10字）
⑵群れをなし
⑶危険に際して群れ集う習性。
⑷A エ　B イ
⑸魚が群れを
⑹例なまじ群れを作っているばかりに、（敵の攻撃を受けると）集団で全滅すること。
⑺ウ
⑻イ→ア→ウ

考え方

1 書いてある内容《ないよう》を、書いてあるままに理解《りかい》して読み取ることが大切です。はやのみこみをしたり、自分の都合のよいように読んだりすることのないようにしましょう。
⑴直前に「動物は単独《たんどく》で生活している場合よりも群《む》れをなして生活した方が」とあります。⑵「習性《しゅうせい》」という言葉に注目して、字数に合う言葉でさがしましょう。⑶直後の二文で「鳥付漕釣《こぎつり》漁業」が説明されています。「どのような習性を利用したものかと問われているので、あとの文の「危険《きけん》に際《さい》して…習性」に注目しましょう。⑷接続語《せつぞくご》を選ぶ問題では、前後の内容をとらえて、どのような関係になっているかを考えましょう。B前では、「魚の群れは、外敵《がいてき》の防禦《ぼうぎょ》に役立つ」と述べているが、あとでは「一尾《いちび》残らず食われてしまう」と全く逆《ぎゃく》の内容になっていることをとらえましょう。
⑸指示語《しじご》の指す内容をさがすときの鉄則「その指示語より前の部分に注目する」を思い出しましょう。すると、「　」つきの十九字の言葉を見つけることができるでしょう。⑹直後の「それは」で始まる部分に注目しましょう。すると「一尾残らず食われてしまう」「集団《しゅうだん》で全滅《ぜんめつ》する」と同じ内容のことがくり返し述べられていることがわかります。その部分をおさえて、答えを出しましょう。⑺「大胆《だいたん》」のもともとの意味は、「物事をおそれないということ」です。「大胆にすぎる」ですから、「むちゃだ・むぼうだ」という意味になるので、これに近いウ「正しくない」を選べばよいことがわかるでしょう。

読解のコツ

説明文では、筆者の考えや見たこと聞いたことを、読者に正しく理解してもらおうというのがねらいです。だから、要点や要旨《ようし》を文章の表にはっきり出すように書かれていることが多いのです。まずは話題をとらえましょう。次に文章全体をとおして、だいたいの内容をつかみましょう。段落《だんらく》と段落の関係をとらえるために、表や図に表すこともひとつの方法です。最後に文章全体の要旨をつかみましょう。

チャレンジテスト⑧　92～93ページ

1 ⑴A（主張）野菜　（目的）例関税をかけるため。
B（主張）果物　（目的）例税を逃れるため。
⑵（裁判の結果）この食べ物は、野菜である。
（判決の理由）例トマトは、果樹園ではなく、野菜畑で育てられるから。例トマトは食後のデザートにならないから。
⑶A エ　B ア　⑷スイカ
⑸A 野菜　B 果物
⑹果実的野菜
⑺例（そのフルーツが）野菜か、果物か（ということ。）

考え方

1 ⑴当時、果物なら関税《かんぜい》がかからず、野菜では関税がかかるという背景《はいけい》があったのです。⑵理由がはっきりしているため、多くの人が納得《なっとく》できる判決でした。⑶前後の文のつながりを考えて、正しいつなぎの言葉を選びます。⑷「この話題」とは、前の段落《だんらく》の、アメリカのオクラホマ州の、スイカをめぐる「州の公式果物」「州の公式野菜」の話題のことです。⑸イチゴは野菜なのか、果物なのか、AとBでは定義《ていぎ》がことなることに着目しましょう。⑹他の野菜と区別するためにこのように定義しているのです。⑺トマトやスイカ、イチゴなどのフルーツについて、さまざまな話題から「野菜なのか、それとも果物なのか」ということについて述べている文章です。

いろいろな文章
20 伝記

標準クラス
94～95ページ

1
(1)①グリーンランド
②例北極海への航海のとちゅうで、（うす緑色にかがやく氷の大陸、）グリーンランドを近くに見たこと。
(2)例主に海で働く仕事で生活するノルウェー人の生活をよくするためには、北極海の深さ、潮流の動き、風の方向、魚の種類などを明らかにする必要があるという考え。

2
(1)①ポーランド　②エ
(2)子どもたちに、学問への目を開いてやり、ポーランドのために働く心を植えつけてやりたい（と考えた。）
(3)子どもたちがほとんど学校に行っていず、字を読むことも書くことも知らないということ。

考え方

1 伝記文を読むとき、その人が、いつ、どこで、何をしたかということだけを読み取ったのでは、十分でありません。そのことがらをとおして、その人が、どんな考えで、どのような態度《たいど》で一生をおくったかということを読み取ることが、最も大切なことです。(1)①直前の「この」が指す内容《ないよう》をさがしましょう。②「この航海《こうかい》の……近くに見て」が答えになる部分ですが、「この」を具体的な内容の言葉に直して答えましょう。
(2)「どういう考え」と問われているので「～という考え。」という形で答えます。

2 伝記文では、その人の生活の様子から、その人の気持ちや考えを読み取りましょう。(1)①最後の段落《だんらく》に「祖国《そこく》ポーランド」とあります。②ズシロフ家に住みこんで、姉妹《しまい》に勉強を教えていたのですから「家庭教《きょう》師《し》」が正解《せいかい》です。(2)マリーの住む村の子どもたちは朝から道ばたで遊んでいて、字の読み書きもできません。そういう子どもたちがやがてポーランドを背負《せお》うことになるのだから、学問への目を開き、祖国のために働く心を植えつけたい、とマリーは考えたのです。

ハイクラス
96～97ページ

1
(1)例病弱であること。（8字）
(2)・例人間が健康であったり、健康でなかったり、また病気をしたりするということは、何に原因するのかということ。
・例人体はどういう仕組みになっているのかということ。
(3)ウ
(4)イ

2
(1)（右から順に）（1）・4・6・2・5・3
(2)ウイルソン先生
(3)①例黒人の子どもたちを指導しよう（ということ。）（14字）
②黒人がか～ならない（という考え。）
(4)黒人を保護し、人種間の差別をなくすこと。

考え方

1 人間の考えは、おさないときから大人へと成長するにつれて変わるものもあり、また一生を通じて変わらないものもあります。そこで、いろいろなエピソード（その人についての、ちょっとした興味《きょうみ》深い話）がいつごろのことかをおさえると、変わらないもの、変わったものがはっきりして、その人の人がらを知るうえでたいへん役立ちます。(1)「生まれつき体が弱く、病気がち」「病弱である」に注目して、答えを出しましょう。(2)考えた具体的な内容は、直後の二文に書かれていることをとらえましょう。(3)「生まれつきの性質《せいしつ》」という意味の「たち」を選びます。アは「物の性質や品質」という意味、イは複数《ふくすう》であることを表します。(4)前の「理づめで考える」から「科学的に考える」が導《みちび》かれます。

2 作者は、取り上げる人物について、読み手にわかってもらうために、いろいろなエピソードをあげます。そのいくつかのエピソードを関連づけて読み取ることにより、伝記文に書かれている人物の真のすがたを知ることができます。(1)□のすぐあとに「新校舎《こうしゃ》」という言葉があるので、6は「校舎が完成」したことを、その前の5には校舎を建てるための土地が必要なことから「ごみすて場の土地をゆずってもらった」ことを、というように最後から順にさかのぼって考えてもよいでしょう。(3)①直前の「こう」の指す内容をとらえましょう。②決心するまでに考えていたことは、第二段落に書かれています。その中で17字以内でまとめられている部分をさがすと、「まず」で始まる四つの文が見つかります。答えとなる部分が「という考え。」に続くかどうか、必ずチェックしましょう。

21 随筆・脚本

標準クラス

98~99ページ

1 (1)ウ (2)イ

2 (1)おもちゃの国のごてん (2)エ (3)㋑

3 (1)ウ (2)①ウ ②イ

考え方

1 随筆《ずいひつ》は、筆者が見たこと、聞いたこと、感じたことなど経験《けいけん》したことを、気のむくままに自由に書いたものです。筆者が見ているもの、感じていること、考えていることを、正確《せいかく》に読み取るようにしましょう。

(1)あとの「しかし、……山はだが見えてきた」から考えましょう。(2)雪がとけ始めた春先のことです。

2 脚本《きゃくほん》には、劇《げき》を演《えん》ずるために、劇のしくみ、舞台《ぶたい》の様子、登場人物のせりふや動作などが書かれています。物語文と同じく脚本にも主題があるので、これをとらえることが大切です。(1)良太の「ここは、どこですか」に対して、使いが「おもちゃの国のごてんです」と答えています。(2)脚本の形式は、時・所・装置《そうち》・人物などの「前書き」と「せりふ」、「ト《と》書き」から成り立っています。(3)前半は王様と使い、けらいの会話の場面、後半は良太と春子がおもちゃの国のごてんに連れて来られた場面です。

3 「狂言《きょうげん》」は日本の伝統芸能《でんとうげいのう》の一つで、舞踊《ぶよう》的な「能《のう》」とは異《こと》なり、物まねの要素《ようそ》や写実的なせりふがある舞台劇です。おどけていて、笑いを主題としています。登場人物が置かれている立場や、場面を考えて読みましょう。(1)「主人」にやとわれている人です。(2)前後の内容《ないよう》からふさわしいものを選びましょう。

ハイクラス

100~101ページ

1 (1)ウ (2)ア・オ（順不同） (3)例（動物たちは）一所懸命生きて、命を全うしているということ。 (4)エ

2 (1)①イ ②ウ ③イ ④イ ⑤ア ⑥エ (2)Aイ Cウ (3)ウ

考え方

1 人間以外の生き物に対して、人の尺度《しゃくど》でものを考えてはいけない、という要点をとらえましょう。(2)修飾語《しゅうしょくご》・修飾される語の問題では、修飾語と修飾される語の二語をつないで読んでみて、自然なつながりのものを選びましょう。(3)何が「同じ」なのかをとらえましょう。指示語《しじご》と同じく前の部分に注目します。(4)次の段落《だんらく》の初めの「それ」は、「人間は特殊《とくしゅ》な生き物だ」ということを指しています。ですから、次の段落の内容をとらえて□に入る言葉を考えましょう。

2 この場面は、明子《あきこ》・清子《きよこ》姉妹《しまい》の家へおばさんがきくをとどけに来たところです。姉妹の父とおばさんは、兄妹あるいは姉弟の関係ではないかと考えられます。

(1)①と②は、たがいの会話の中に相手の人物の名前が出ています。③は②の明子への返事です。⑤は言葉づかいから「父」であることがわかります。⑥は次のせりふに「ああ清ちゃん」とあるので、清子だとわかります。(2)A直前のト書きから考えましょう。Cが姉のせりふなので、同様の言葉づかいになるようにします。(3)「お元気ですって」という言葉の調子から、おばさんが来てくれて喜んでいることを読み取りましょう。

22 記録文・観察文

標準クラス

102〜103ページ

1 (1)(右から順に)5・1・4・3・2
(2)例 水草についていたはずのたまごが見つからなかったこと。
(3)親がたまごを食べてしまったから。
(4)小さい体に

2 (1)(台つきの)ワイングラス
(2)(右から順に)2・4・1・3
(3)八百度ぐら
(4)例 グラスの厚さが不均等になったり、形がゆがんだりしないようにするため。

考え方

1 観察文とは、何かを観察して気づいたことをありのままに記録したものです。時間の経過《けいか》にしたがい、事実と観察者の感想や意見を区別して読み取りましょう。(1)箇条《かじょう》書きと観察文を対応《たいおう》させて、順番をつけましょう。(2)直後に大事件《じけん》の内容《ないよう》が書かれています。(3)文末表現《ひょうげん》に注意しましょう。

2 その記録が、いつ、どこで行われたものかをおさえましょう。書かれている要点をしっかりとらえることも大切です。(1)「型吹《かたぶ》き製法《せいほう》」の「② 型吹き」に「台つきのワイングラスを、五人一組で作っていた」とあります。(2)「② 型吹き」の部分に順をおって書かれています。(3)伝聞《でんぶん》を表す文は、文末が「そうだ。」になっています。(4)文末を「…ため。」にしましょう。

ハイクラス

104〜105ページ

1 (1)①七月二十日(夏祭りの日)
②島根県の津和野町
③例 津和野の夏祭りを見るため(サギの舞を見るため)
(2)ウ
(3)例 かみしもすがたの老人、白サギになる二人の若者、笛やたいこを持った人たち。

2 (1)姿を見せぬ犯人(自然現象)を執拗な捜査(研究)によって追いつめる点。
(2)張り込み
(3)例 (コマ撮り機能のついたビデオカメラを使用して、)雲の変化を二秒間隔で撮影し、一秒間に三〇コマで再生する方法。(30字)

考え方

1 見学記録文も観察文と同じように、事実を正しく読み取ることが大切です。(1)①「いつ」②「どこを」は第一段落《だんらく》に、③「何のために」は最後の段落に書かれています。(2)「慣《な》れているらしい」の「らしい」は、推定《すいてい》(いろいろなことから、おそらくこうだろうと決めること)を表します。ア・イはそれぞれ「男らしい」「かわいらしい」という単語の一部分です。(3)最後の段落からさがし、簡潔《かんけつ》にまとめましょう。

2 (1)第二段落の「自然科学の研究は、刑事《けいじ》の仕事と一脈《いちみゃく》通じるところがあります」の部分に着目しましょう。(2)筆者は、気象《きしょう》の研究を刑事物のテレビドラマにたとえて説明しています。(3)「この方法」の「この」は、直前の一文の内容を指しています。そこに「雲の変化」という言葉を加えて字数内にまとめましょう。

23 日記・手紙

標準クラス

106〜107ページ

1 (1)父(お父さん)
(2)イ

2 (1)⑤
(2)あウ　いア

3 (1)ウ
(2)例 東南中学を受ける決心をした(こと。)(13字)
(3)なさって

考え方

1 日記文は、その日にしたこと、見たこと、聞いたことなどを記録し、それについての考えや感想を書いたものです。事実と筆者の考え、感想とを読み分けることができるようにしましょう。(2)最後の文の「やっぱり」に注目しましょう。「自分でがんばるより手はないかな」とあります。

2 (1)この日の日記は、五つの文から成り立っています。その中の①〜④は「九州の大雨のニュース」について、⑤は①〜④とは別のことを書いています。(2)文末表現から感想や考えと事実とを区別しましょう。あ「〜だろう」は「たぶんそうではないか」、い「できないものだろうか」は「できたらいいのに」という気持ちを表します。

3 手紙文では基本《きほん》になる形式があります。はじめのあいさつ（前書き）・本文（用件《ようけん》）・終わりのあいさつ（あと書き）、となります。この手紙では、[1]で先生の様子をたずねてから、[2]でこちらの様子や時候について書いています。次に先生に伝えたいこと（用件）として、[3]〜[5]の中学受験のことを書いています。(1)本文がどの部分かを考えれば、自然と前書きとあと書きは決まります。

ハイクラス　108〜109ページ

1 (1)例おどろきのあまりどうしていいかわからなかったから。

(2)例（軽い気持ちでやったことで、）植木ばちを二つもわるという大変なことをおこしてしまったこと。

(3)例あやまっても許してくれるかどうかということ。

2 (1)⑧（の文を）②（の文のあとへ。）

(2)Aウ　Bア　Cエ

(3)合→会・案→安（順不同）

(4)近ずいて→近づいて

(5)①おっしゃって→言って（申して）

②言って→お伝え

考え方

1 筆者の行動や経験《けいけん》を読み取るだけでなく、感想や反省したこと、考えなど、文章の中心になる部分を読み取りましょう。(1)すこし前に「ぼくはびっくりした」とあります。自分のうかつさが引き起こしたことに驚《おどろ》いて、とっさに「にげていた」のです。また、「なぜですか」と問われているので、「から。」「ので。」で答えましょう。(2)前のせりふにある「何ということ」「大変なこと」がどういうことなのかを考えましょう。ここは、「どんなこと」と問われているので「こと。」で終えましょう。(3)すぐあとに「ほんとうに許してくれるだろうか」とあります。

2 手紙文は、相手に用件を伝えるために書かれたものなので、用件が何であるかを正しく読み取ることが最も大切です。また、あいさつや言葉づかいなどから、書いた人の気持ちも読み取ることができます。(1)手紙文の形式として、ふつう、（前書き）時候のあいさつ、次に相手の様子をたずね、自分や家族のことを書きます。だから、⑧は②の次に書くのがふつうです。(2)A〜Cのことを「あとづけ」といいます。A「日付」、B「差し出し人の名前」、C「相手の名前」の順に書くことやそれぞれの位置も覚えておきましょう。(5)敬語《けいご》の問題です。①「おっしゃって」は尊敬語《そんけいご》なので、身内の「父」には使いません。②の「言って」はふつうの言い方です。相手方には尊敬語を使いましょう。

チャレンジテスト⑨　110〜111ページ

1 (1)明るくて気〜あふれた人

(2)Aア　Bエ　Cウ

(3)例世界の聖女として知られている（人のたのみといっても、）テレサをスチュワーデスにするわけにはいかないから。

2 (1)例あまがえるの体の色の変わり方

例あまがえるの体の変色のしかた

(2)例あまがえるの体は、木の葉の色に変わる、とおじいさんに聞いたこと。

(3)・例あまがえるの体の変化は、変わりやすい色と変わりにくい色とがあること。

・例あまがえるの体は、目で感じた色に変色すること。

3 (1)パリ

(2)イ

考え方

1 (1)「こんなエピソード」の具体的な内容《ないよう》は、テレサが飛行機の運ちんを安くしてもらうために、航空《こうくう》会社の人にいたずらっぽい目をして「わたしをスチュワーデスにしてください」とたのんだこと。ここから、テレサは「アイディアとユーモアにあふれた人」だったとわかります。(3)航空会社の人がテレサの願いを断《ことわ》った理由は直前に述《の》べられています。理由を聞かれたら、文末を「から・ので・ため」などで結びましょう。
2 観察や実験の記録は、順序《じゅんじょ》よく書くこと、段落《だんらく》分けをはっきりすることが大事です。
3 手紙文では、用件が何であるかを正しく読み取るようにしましょう。(2)「コンコルド広場の光景」と限定《げんてい》されているので、**ウ**・**エ**を選ばないように注意しましょう。

チャレンジテスト⑩ 112〜113ページ

1 (1)クワイ
(2)ア (3)ウ
(4)見れば立派な大粒、芽は象牙色で藍ねずの球はつやつやしている。
(5)エ
2 (1)リサイクル施設の見学
(2)例 手作業で取り除くそうです
(3)例 今後は、今まで以上にごみの分別をしっかりしたいと思います。(29字)

考え方

1 (1)最初の段落《だんらく》に「クワイはどうだろう」とあり、以下の段落でクワイについて書いてあります。(2)収穫《しゅうかく》期《き》が短くお正月前の短い期間のみお店にならぶことを、「ちらっと顔を見せる」と表現《ひょうげん》しています。(3)「もぐもぐ」という表現から、食べ物を口の中で何度もかんでいる様子がわかります。
(4)若い女性が持ってきたクワイの粒《つぶ》、芽、球の様子をくわしく表現しています。「象《ぞう》牙《げ》色」「藍《あい》ねず」という色を表現する言葉にも着目しましょう。(5)「ひょうたんから駒《こま》」「たなからぼたもち」は、どちらも思いがけないことが起こるという意味のことわざです。
2 (1)リサイクル施設《しせつ》の見学の様子や、わかったこと、思ったことを書いています。(2)人から聞いたことは「〜そうです」などの言い方をします。(3)ごみの分別について思ったことを書き、記録文をまとめます。

読解のコツ

伝記文では、一人の人物の生き方と、その人物に対しての作者の考えに注意して読みましょう。随筆《ずいひつ》では筆者の意見が色こく表れているので、事実と区別して読みましょう。記録文・観察文の特《とく》ちょうをとらえましょう。脚本《きゃくほん》・随筆・日記・手紙のそれぞれの形式をおさえましょう。

総仕上げテスト① 114〜117ページ

1 (1)卵を監視する(こと。)
(2)例 大雨で池の水がふえて、カモの巣が水の中にしずんでいたこと。
(3)例 カモの卵を守るためにうき巣をつくり、それをくいにつなで結びつけた。
(4)エ
2 (1)ウ
(2)例 人生の中で、周囲との関係がうまくいかなくなり、脳が苦境に立ち、存える術を見いださなければならないとき。
(3)笑い
(4)・存在を脅かす事態に対して脳が「機能不全」に陥らないための、一つの安全弁
・私たちが生きるエネルギーを引き出すことのできる、尽きることのない源泉
3 (1)七(連)
(2)ア・エ
(3)(第)四(連)
(4)ウ

考え方

1 (1)池で見つけた卵《たまご》を守るため、手分けして卵を監視《かんし》することにしたのです。(2)卵が水の中にしずんでいたことは、卵を守っている「ぼくたち」にとってとても大きな事件《じけん》でした。だから「ぼく」は、みんなのところにとんでいったのです。(3)「うき巣」という言葉に注目して、前後の内容《ないよう》から「ぼくたち」がカモの卵を守るために、したことを読み取ります。(4)「ちぇっ、カモのやつ」と言いながら、「ぼくたち」は「ばんざい」とさけんでいます。カモの卵が助かったことは、「ぼくたち」にとって何よりうれしいことだったのです。
2 (1)「たとえ〜ても」という言い方です。(2)第三段落《だんらく》から、必要な部分をぬき出してまとめます。(3)最後の段落で、人間の脳《のう》にとっての「笑い」の大切さについてまとめています。
3 (1)行空きの部分に注意して、何連の詩であ

るかを正しくつかみます。⑵「どうしてだろう　なぜだろう　大声でどなりたくなるのは……」「ぼくらは手をふる　ハンカチをふる／向こうから見えないと知っていながら」と、言葉の順序《じゅんじょ》を変えています。また、「おうい」「やっほう　やっほう」の言葉が、くり返し使われています。⑶第四連に、「学校が見える　役場が見える　お宮の森が見える……」と、山頂《さんちょう》から見えたものが書いてあります。⑷大声でどなりたくなったり、手をふったりよんだりしたくなる、山頂での気持ちがえがかれています。

総仕上げテスト②

118〜120ページ

1
⑴①むざんに折れてしまっている
③じゅうなんな
⑵イ
⑶じゅうなんなもののほうが、かたいものよりかえって、ものごとにたえることができる（こと。）

2
⑴あ野生　い部屋　うおぼ（え）
⑵例送りとどけてほしい（9字）
⑶例屋久島の狩人は、注文主のいうとおりのサルを送ってくれるから。
⑷ウ
⑸肩や腕をひ
⑹イ
⑺のどの奥で（サルは、の）
⑻エ

3
⑴口　⑵鼻　⑶指　⑷首　⑸手

考え方

1 ことわざや実際《じっさい》の具体例をあげて、筆者の意見の根拠《こんきょ》を示《しめ》しています。キーワードの「じゅうなんさ」「しなやかさ」の表す意味を正しく読み取りましょう。⑴①次の文の「これとはぎゃくに」に注目しましょう。また、「雪のために」などのよぶんな言葉は省き、——線①と対応する言葉を書きましょう。③「かたいもの」と比《くら》べているものをさがしましょう。「じゅうなんな」とは、「しなやかでやわらかい様子」という意味です。⑵第一段落《だんらく》の雪の中の柳《やなぎ》の様子を表《ひょう》現《げん》したものを選びましょう。ア「うどの大木《ぼく》」とは、うどは大きくなってもくきがやわらかくて、木材として使えないことから、体ばかり大きくて、何の役にも立たない人をたとえていう言葉です。ウ「骨《ほね》折り損《ぞん》のくたびれもうけ」は、苦労したかいがないという意味です。⑶——線④以外でも「教えて」という言葉があります。その言葉をさがしましょう。

2 屋久島《やくしま》のサルとりの狩人《かりゅうど》「松田大六《まつだだいろく》」とサルの物語です。大六がサルを手なずける方法が中心に書かれている部分です。
⑴あ「野性《やせい》」と区別しましょう。「野生」は、動植物が山野に自然に育つことで、「野性」は本能《ほんのう》としてそなわっているあらい性質《せいしつ》のことです。う「覚」には、おぼ（える）、さ（める）の二つの訓読みがありますが、送りがなから判断《はんだん》しましょう。⑵述語《じゅつご》が省略《りゃく》されているので、文をよく読んで意味が通じるように、省略された部分を考えましょう。⑶理由を表す文が、その文のすぐ近くにない場合もあるので注意しましょう。前の部分にある「だから」に注目します。「だから」は前の部分の内容《ないよう》を受けるので前の文に理由が書かれていることがわかります。⑹「ひるむ」とは、勢《いきお》いにおされて、気持ちが弱くなることです。⑻反対の意味を表す熟語は、それぞれア非常識《ひじょうしき》、イ未完成、ウ無意味となります。

3 体の一部分を表す言葉を使った慣用句《かんようく》は、正しい意味といっしょに覚えて、適切《てきせつ》に使えるようにしましょう。